장동빈 개인展

시간현상소

장동빈 글ZEE
시간현상소

초판1쇄 발행 2023년 6월 15일
초판2쇄 발행 2023년 11월 15일

글쓴이 장동빈
그린이 공존
디자인·편집 공존
펴낸이 서정환

펴낸곳 문화발전소
주소 서울시 종로구 삼일대로 32길 36 운현신화타워 305호
전화 (02) 3675-3885, (063) 275-4000
팩스 (063) 274-3131
이메일 sina321@hanmail.net
출판등록 제2014-000021호
인쇄·제본 신아출판사

ISBN 979-11-92808-12-3 03810

ⓒ 2023 장동빈·공존
PRINTED IN KOREA

• 저자와의 협약에 따라 인지는 생략합니다.
• 파본 및 제본이 잘못된 책은 구입서점에서 교환하여 드립니다.
• 이 책은 저작권법에 의하여 보호받는 저작물이므로 이 책의 전부 또는 일부를 재사용하려면
  반드시 문화발전소와 저자의 허락을 받아야 합니다.
• 책값은 뒤표지에 있습니다.

장동빈 詩集

시간현상소

장동빈 쓰고 공존 그리다

−시간에게

시간의 바다여, 어디로 흘러가는지
따라오면 안 될까
마음속에서 언제나 출렁이는데

파도 소리는 가슴을 울리고
밀려오는 물결은 눈을 적시는데
마음의 작은 배를 타고
함께하는 그 길을 따라가고 싶어

방향을 잃거나
헤매기도 하겠지
묻지 않은 질문의 답을 찾아서

이제부터
마음을 따라갈게
잃어버린 것들은 잊어버리고

시간의 바다야, 어디든 흘러가라
작은 배 이제는 두렵지 않아
파도와 함께 춤을 추며 나아갈 거야

너의 품 안에서
물에 젖지 않는 법을 물으며

2023 어느 여름 날
장동빈

찾아보기

- 004 서시―시간에게
- 009 시간현상소
- 010 달
- 012 궤도의 끝에서
- 014 친구에게 가는 길
- 016 기다림은 기다리지 않음을 전제로
- 020 사라지지 않고 쌓이는 시간
- 022 길 끝에 달린 자몽은 달콤하다
- 026 어깻죽지를 매만지는 일―시간의 밀도
- 028 지나간 시간에 기대어 1
- 030 시간의 품질을 묻는 그대에게
- 034 지나간 시간에 기대어 2
- 036 회중시계
- 038 자판기 철학
- 042 연필의 연대기
- 044 너에게 가는 길
- 046 양말인형의 독백
- 048 빈집―소라껍데기
- 050 자귀나무
- 052 별이 고향인 나무가 불에 던져졌다―모닥불 아리랑
- 056 종이컵
- 058 물방울
- 062 빨래방 1
- 065 빨래방 2―외출
- 067 백열등 소외
- 068 너, 목련
- 070 핸드폰을 거슬러 오르는 언어[言語]들
- 072 비문을 고치며
- 074 엉겅퀴
- 076 빈소 할인
- 078 시가 된 가을
- 080 목련
- 083 보일러

눈물 없이 우는 바람	**084**
지하철 1호선	**086**
동백꽃	**089**
음성인간	**090**
철쭉	**094**
거미줄	**096**
단순한 비밀―산다는 것은	**098**
미역국	**100**
신발	**102**
노을	**106**
겨울비	**108**
얼음	**113**
비도 오고 그래서	**114**
사랑	**116**
위로	**119**
감사	**120**
신호등	**122**
자화상	**124**
김밥	**126**
옹이	**128**
이팝나무꽃	**130**
홍시	**132**
버섯 향기	**134**
아버지의 노래	**138**
폭설	**140**
꽃 여행	**142**
고향으로 가는 그림자	**144**
미학적 관점의 편두통	**146**
새벽	**148**
해설	**152**

시간현상소

언제 찍었는지 모를
필름이 들어 있는
낡은 카메라를 들고
현상소에 맡기고 돌아오는 길
잊힌 시간들이 가득한 곳

오늘을 향해 달려가다 알게 된 죽음들을
경험으로 바꾸어가는 막다른 길에서
숙제를 마쳤다는 선택적 행복으로
다시 태어나는 것들

아직은 붙잡고 있는 시간
의식으로 인식해야 한다고
기억되는 것들이 담기는 현상액

사라진 것들이 표현된
있는 것들의 홀로그램
왼쪽 눈과 오른쪽 손이 보는 것이 다른

빛바랜 육체에
문신처럼 현상된 시간들이 새겨져
새롭게 전시되는 현상소

달

있어야 할 곳이 아닌 곳
손잡아 주는 이 없어
눈물조차 말라버렸다

파리해진 낯빛으로
얼어붙어 버린 밤을
어쩌지 못하고
창백해진 얼굴을 가리고
소리조차 사라져 버린
조금은 낯선 시간
드리워진 그림자를 따라 차오르는
지붕 위로 내릴 것 같은 순간
꿈에서 깬 낮달이 울고 있다

서쪽 하늘에서 나를 보고

궤도의 끝에서

하루의 짧은 여행을 마치고
헐렁한 내 남루를 구겨 넣기 위해
세탁실로 들어간다

손끝에서 시작된 자전과 공전
천국으로 가는 파랑을 느낄 겨를도 없이
회색이 짐짓 곤두박질치고 있다

눈으로 구분 없이 돌아가는 빨래
냄새도 색깔도 동거동숙하며
돌고 또 돌아 궤도를 따라 돌다
내 근력도 샅샅이 알고 있다는
인공지능의 비명과 재스민향

지친 하루가 들어간 세탁기에
물에 불어 축 처진 어깨를 둘러맨
뽀송한 하루가 밤으로 걸어간다

친구에게 가는 길

마음만큼 빠른 기차가
게으른 몸뚱이를 싣고 달린다
몇 개의 터널을 지나
몇 개의 밝은 세상을 지나
거꾸로 흐르는 시간처럼
학창 시절로 돌아가
친구를 만나고 있다

그 까까머리 소년은
아더왕처럼 정의롭고 용감했다
그 소년은 커서
멋진 어른이 되었다고 한다

그 전설을 확인하러
제복을 입고 길을 나섰다

서로의 꿈을 응원하며
살아온 날을
무용담처럼 쏟아낼 시간이 다가온다

기차를 타고
한 편의 동화를 쓰는 동안
그리움도 깊어가 친구가 된다

기다림은 기다리지 않음을 전제로

풍경이 달려간다
바퀴를 달고,

2023번 버스를 타고
차창 뒤로 달리는 도시
이미 와 기다리는 목적지
제자리 벗어나지 못하는 두 발

늦지 않기를 바라면서
월요일 아침마다 금요일 밤을 기다리는 것,
수요일 밤 더디게 가는 시간을 탓하며
일요일 밤 빠르게 지나간 시간을 탓하지만

그리움을 탓하지 않는 기다림이 있다

만남에 길들여진
그저 또 다른 기다림이 아닌,
너일 것 같은 마지막 기다림

무책임하게 이미 도착한 도시 풍경,
기묘한 시간의 반가움과 걱정

버저를 누르는 손
기다리지 않음을 전제로 기다리는 마음,
길들여진 발이 먼저 버스를 내려간다

사라지지 않고 쌓이는 시간

시각의 눈물이 흘러
자오선 위를 위태롭게 타고 넘으며
그렇게 시작되었을 시간

물이 끓는 사이만큼
어묵이 맛있게 익어갈 즈음
슬픔이 맥주 캔 따는 소리와 함께
사라진다

냉장고가 급하게 부른다
대파를 꺼낼 때 닫지 않았다고 그런가 보다
그때까지 녹지 않았던 시간이 화를 낸다

목구멍을 넘어가는 국물이 우울하다
줄어드는 안주가 슬퍼서인가
취기가 올라 달궈진 얼굴 때문인가
그건 아마도 넘어갈 때
시간을 잃어버려 그럴 것이다

시각의 이별이 낳은 시간은
그렇게 지나갔지만
기억 속에 남은 맛있는 추억
그렇게 사라지지 않고 쌓이는 시간

길 끝에 달린 자몽은 달콤하다

열등감에 젖어 질퍽거리는 길
발목까지 빠져 걷기조차 힘들다

상처입고 갈라진 길, 이정표 없이
소실점을 향해 뻗어 간다

물집이 잡히고 터져 문드러진
못생겨진 발이 길을 앞서 나가고 있다

목적지가 길이 되고
또 다른 시작점이 되어버린
반성문 같은 눈물겨운 여행

등을 보이고 걷고 있는 시곗바늘
절룩거리며 지난한 시간을 소각하며
마지막 걸음을 재촉한다

길의 끝은 바다였으면,
바닷물에 발을 씻고
같이 왔던 길도 씻겨주고 싶다

모든 것을 지우며 사랑하고 싶다
나의 길을

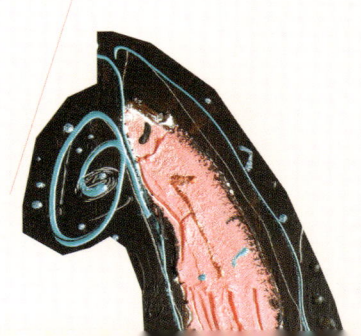

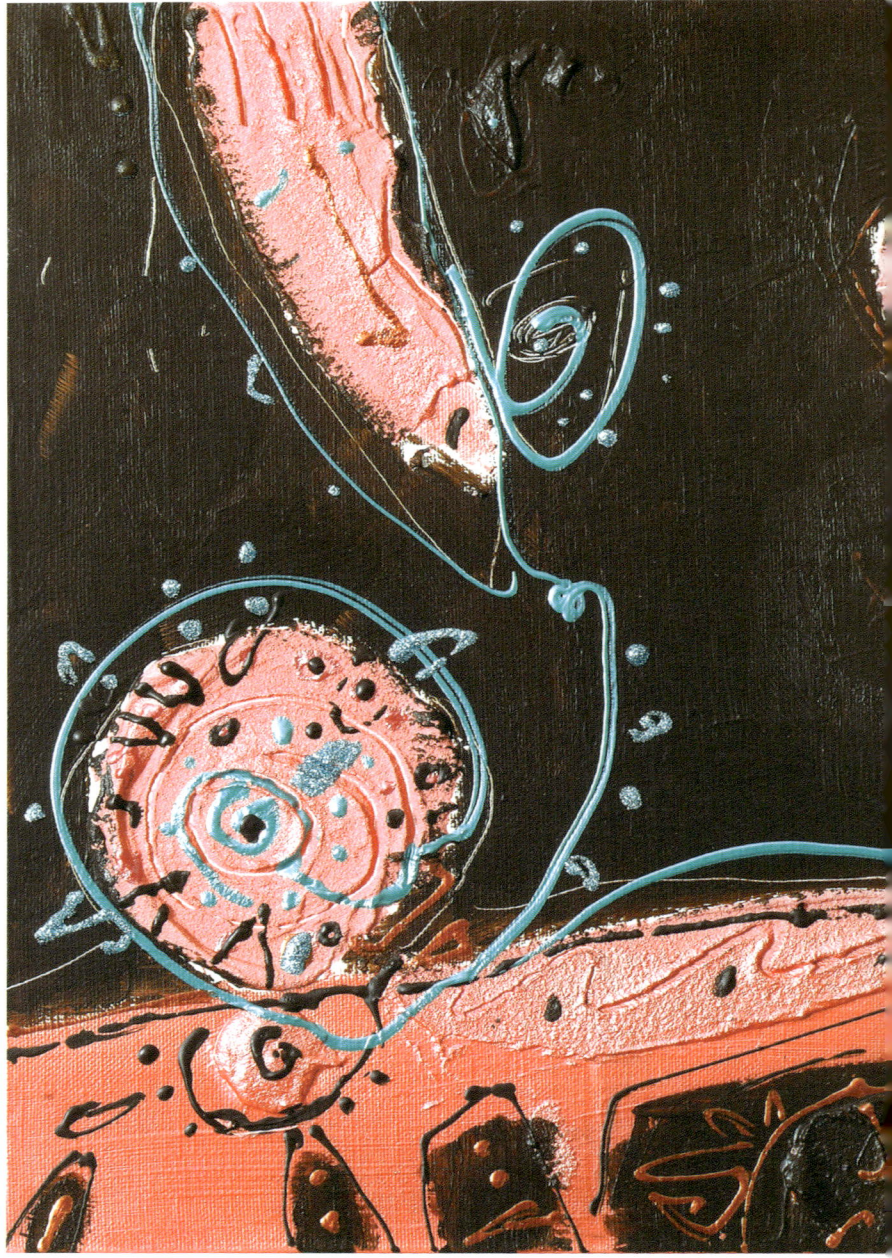

어깻죽지를 매만지는 일
– 시간의 밀도

기억을 더듬어 들어간 문으로 열어보지 않고는 알 수 없는 잊힌 것의 실체가 말을 걸어온다. 납작 엎드려 종일 두들겨 맞은 이불 홑청, 고슬고슬한 다듬이질, 사선으로 접히는 엄마의 목소리는 한 세기가 눈뜨는 울림이고 깨달음이다.

어린 나리가 흘리고 간 고단한 발자국, 푸른 목마름, 시침질 당한 눈물로 뒤꼍 돌담을 종종거리며 뜰 안 가득 바삭한 소죽 향기 나르며 비틀거리던 나리꽃 툇마루에 활활 타오르던 사랑방 아궁이는 나리의 고단한 생이었다.

돌아눕는 상상으로도 섞이지 않는 세월의 칵테일 한 모금, 넘겨도 점막에 깊이 박혀 아직도 늙지 않는 뾰족한 세월은 오래된 사연을 잊는 일이 참 서운한 일이겠다 싶어선지 나리는 오늘도 더 나은 꽃을 피우기 위해 흔들린다.

지나간 시간에 기대어 1

빛바랜 동화 같은 해무 속을 헤치며
우리는 로마로 가고 있었다

비가 오는 날 언어들은
우산을 버렸다
같이 빗길을 걸어가는
지나간 시간이 있기 때문이다

전복죽의 수다가
흐르는 졸음을 쫓는다

니카라과의 지진이
시간 속으로 사라져가며
침입해 들어온다

뜻밖의 침략 속에서도
웃음을 지켜내고 있다

천혜향과
진한 커피와
재즈의 수다가
지나간 시간을 걸레로 닦으며 다가온다

아침마다 지금을 꺼내 보며 미소 짓는다

시간의 품질을 묻는 그대에게

미술관에 갔다

어색함을 보러 간 미술관
그곳에서 그대로 늙은 그림들
누드는 천박하다고 했다
피카소는 천재라고 했다
흘러온 시간의 소리들이
바람과 함께 모빌을 타고 논다
손끝을 지나온 진동은
마음을 지나 가로질러 갔다

시간이 부끄러운 경쟁을 한다
인형들의 축제
아슴아슴 한 시선들
스테이크보다 솔직하지 못한
주인공 없는 드라마

시나리오를 공유한
전시된 크로키들을
다시 어루만지는 시간

새벽 물기 머금은 바람 속에서
수천 번 지나간 선들을 느낀다
시간을 차곡차곡 접는다

모든 시간은 가뭇없이 표표히 간다

시간의 품질을 묻는 그대에게

지나간 시간에 기대어 2

가을이 와있다

스르르륵 우듬지 끝에서
힘없이 옆에 와있다

노란 가랑잎을 보고서야
푸르른 여름이 갔다는 걸 알았다

가을이 오기 전 알았어야 했다
푸르름 볼 수 있었던 것만으로 감사함을

그저 느껴지는 것만을 투정하며 보내다
불쑥 가을이 왔을 때
인사조차 건네지 못한 계절에 대한 미안함이란

다음 계절엔
눈이 오면 눈이 오는 대로
꽃이 피면 꽃이 피는 대로
비가 오면 비가 오는 대로
미소를 지으며
그 거리를 걸으며
지나간 시간에 기대어

회중시계

아버지가 남기고 간 회중시계

보리쌀, 고구마로 치료비를 대신하던
환자들에게 환하게 웃던
한의사 아버지
가족들에게는 왜 그리도 엄하셨는지

중동에서 큰형이 사다 드린
금빛 회중시계
늘 허리춤에 차고 다니며
늘 자랑하던 큰아들 선물
손님이 뜸할 때면
의무처럼 태엽을 감던 아버지

아버지의 나이가 되어 태엽을 감아본다
시계가 가쁜 숨을 몰아 쉬기 시작했다

태엽이 풀어지며 나는 소리가
째깍째깍 째깍째깍
마음을 치고 또 친다
마치 마지막 못다 한 말씀 하려는 듯

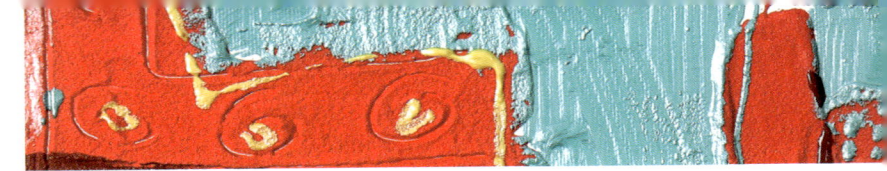

자판기 철학

인연으로부터 온 나는 없다

철저한 시간
동전이 들어오는 찰나의 순간
죽었던 몸이 깨어나
차갑게 식었던 심장이 피를 토하며 뛰기 시작한다

원하는 것을 주기 위해
마음이 바쁘다

시작을 잃어버린
과거에서 오는 동안
불이 들어오는 잊었던 것들

가녀린 손가락 끝
예쁜 손톱에 그려진

프렌치 스타일 매니큐어가 벗겨진 것도 모르고
하루를 살아온 그 손가락을 펴 버튼을 누르자
반사적으로 원하는 것을 내어놓았다

그 순간 다시 과거로 돌아간다
시간이 멈추고 심장이 멈추고
몸이 차가워진다
다시 동전이 들어올 때까지

수많은 인연으로부터 시작된 수많은 나는
혼자가 되어 비로소 존재한다
세상의 거리 어느 벽에 기대어
속절없이 흐르는 시간 속에 멈추어

연필의 연대기

빛을 굴리는 지구의 중심에서
나무의 중심으로 역사를 필사한다
닳고 깎이는 순간의 기록들
시간으로 표시하고 존재하는 것을
낙으로 갈마의 이력을 쌓는다
이기려 하기보다는 자아를 깎아
불멸의 의미를 만드는 무아의 이치
눈부시게 깨달아 가는 제법 작은 성자
살기 위해 부단한 연습이 필요했으며
칼날에 단단해진 심지마저
점점 날카롭게 촉을 세우며
누구도 알 수 없는 세상
일깨우고 있는
기역, 니은, 디귿

너에게 가는 길

평범한 전화벨 소리를 들으며
너에게 들어간다

지금 하는 것을 묻고
무엇을 먹었는지를 묻고
날씨를 묻고
짧은 침묵이 시간의 간격을 묻고
지금 너의 일상을 묻는다

건너편 그림들을 얘기하다
너는 나에게 말한다
들어가라고

들어갔는데 더 들어가라 한다

끝내 어디로 들어가야 하는지 묻고 웃는다

너에게 가는
이정표 없는 길
끝이 없이 이어진 길
산길도 강도 험한 바윗길도
너에게 가는 길이기에
상처 난 발이 되어도 좋다

양말인형의 독백

오랜 시간
천 번의 바느질로 만들어진 얼굴
더워도 추위도 버려져도
미소 짓기만 할 뿐

꿰맨 마디마디
깊고 어두운 시간의 골짜기
새겨진 아픔이야 잊는다 해도
지어진 미소가 주는
착한 불편함이
시린 상처를 후빈다

손끝에서 헝클어진 시간 속에 갇힌
영혼의 민얼굴을 드러내고

만들어진 표정을
아침이슬에 벗겨

햇살 가득 향기만 남기고
시침질을 따라 걷고 또 걸어
순례의 끝에서 문드러진 발로
더 이상 착하지 않아 편안한 얼굴로
뜨는 해를 바라보며
뱉어내는 뜨거운 독백

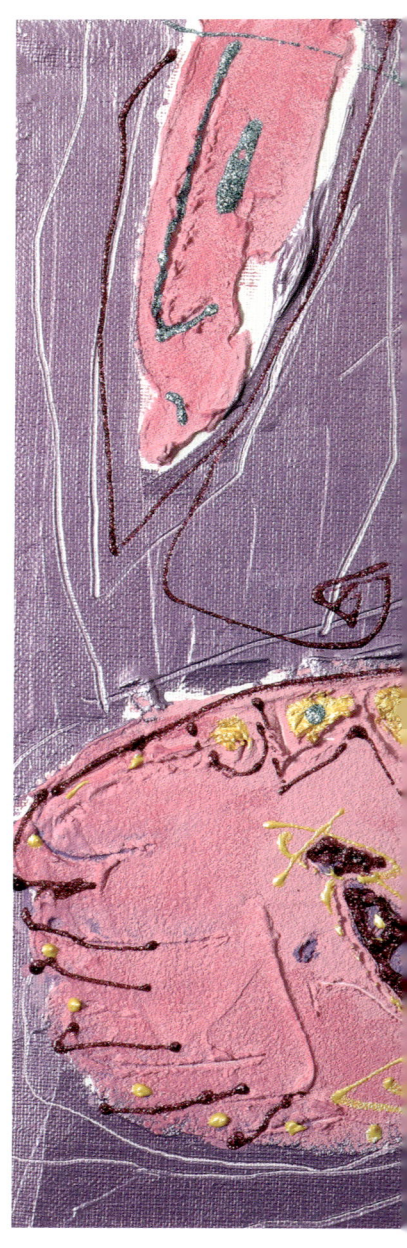

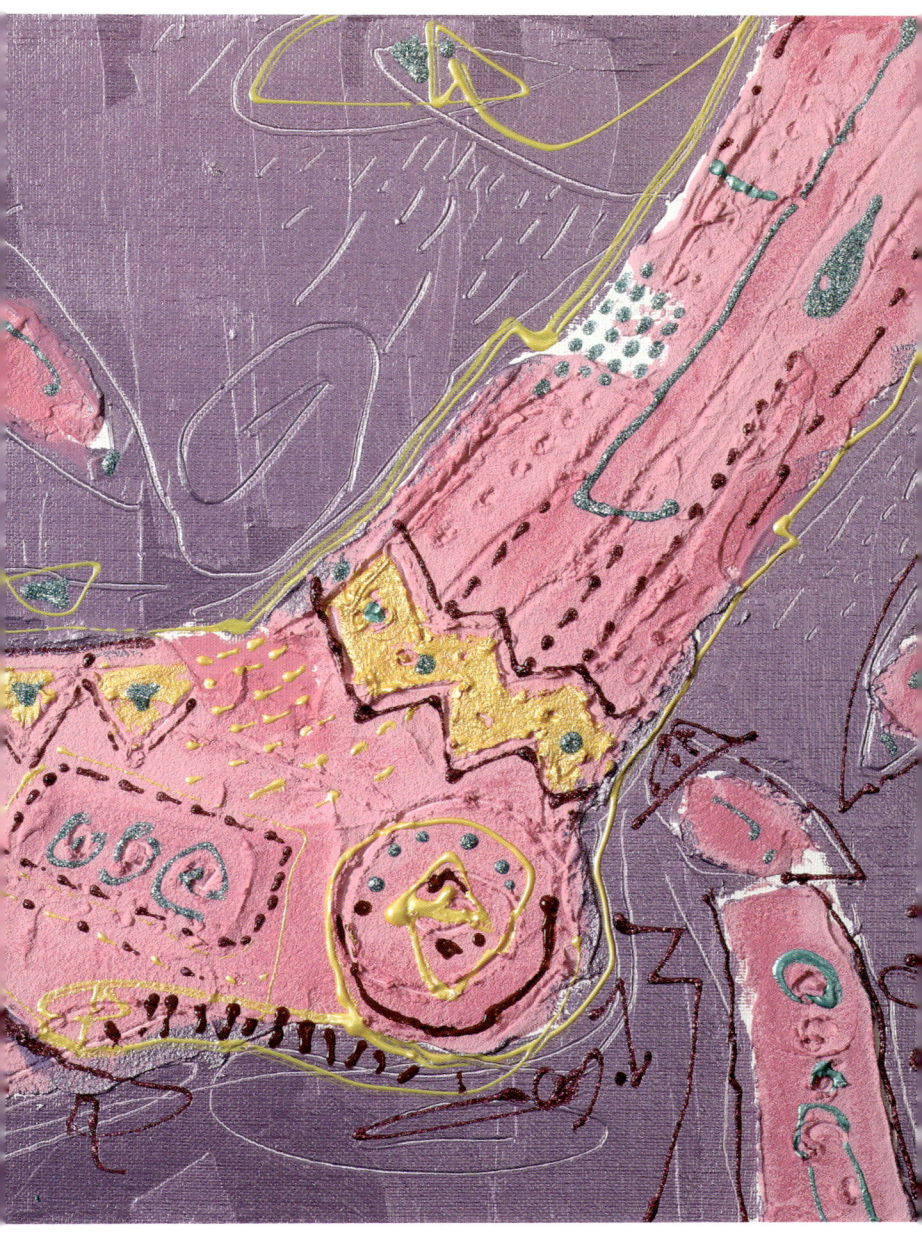

빈집
– 소라껍데기

드넓은 백사장 덩그러니
주인 없는 집에 외로이 날아든
작은 새 날갯짓 안부를 묻고

이야기 가득한 단칸방
기억의 조각들을 씻기는
낡은 바람이 가득한 곳에

도란도란 단란했던 대화
가득한 파도 소리
하얗게 메워지는 빈집의 메아리

자귀나무

아슬아슬한 신호등
말하는 몸짓들
커피향과 잡음에 묻힌 소리
혼자 마주하는 무한한 불안

속옷 위로 나는 흐린 세탁기 냄새
깨끗한 책장 속에 드러난
가느다란 휴대폰과 일상들
허전함 가득한 향기들

밥이나 먹으러 가자고
하루 일과가 끝난 후
어깨를 맞대며 서로 위로하고
심심함을 달랠 이야기들

저녁이면 서로
사랑을 나누고

아침이면 아무 일 없다는 듯
연이어 날아드는 나비들

공작 깃털 모자를 쓴 멋쟁이들

그런데 이름은 짐승 같다

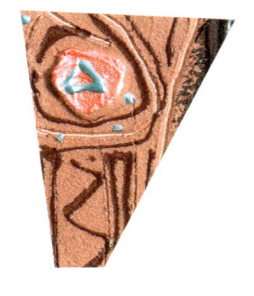

별이 고향인 나무가 불에 던져졌다
– 모닥불 아리랑

나무가 쓰러지고
불꽃에 딸려 열반에 드는 이야기
멧돼지 등을 긁어주고 얻은 털 모피
겨우살이의 매서운 셋방살이
알 수 없었던 산불의 고통
아이의 장난에 가지가 부러지고
얼마 안 되는 수액을 도둑맞은 일
허락도 없이 옥탑방을 짓던 거미
힘겹게 산을 오르던 노인의 휴식
삶이 힘든 청년의 푸념 무상
집 없는 사람의 바람막이
삶의 옹이를 품은 여인의 수다

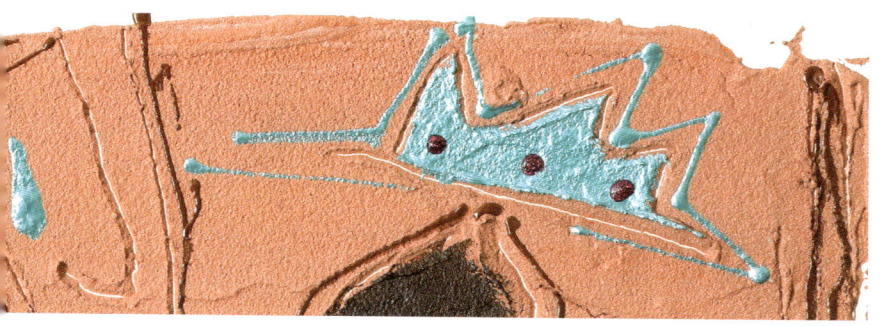

불가항력의 시간을 거슬러 가면
순환하고 싶은 푸른 은유의 언어가
체관을 타고 뜨거운 진액이 되어
불꽃의 대사만 살아있는 무대를 지나
불 멍 때리던 객석을 빠져나오면
모든 저항을 내려놓는
나무의 메아리

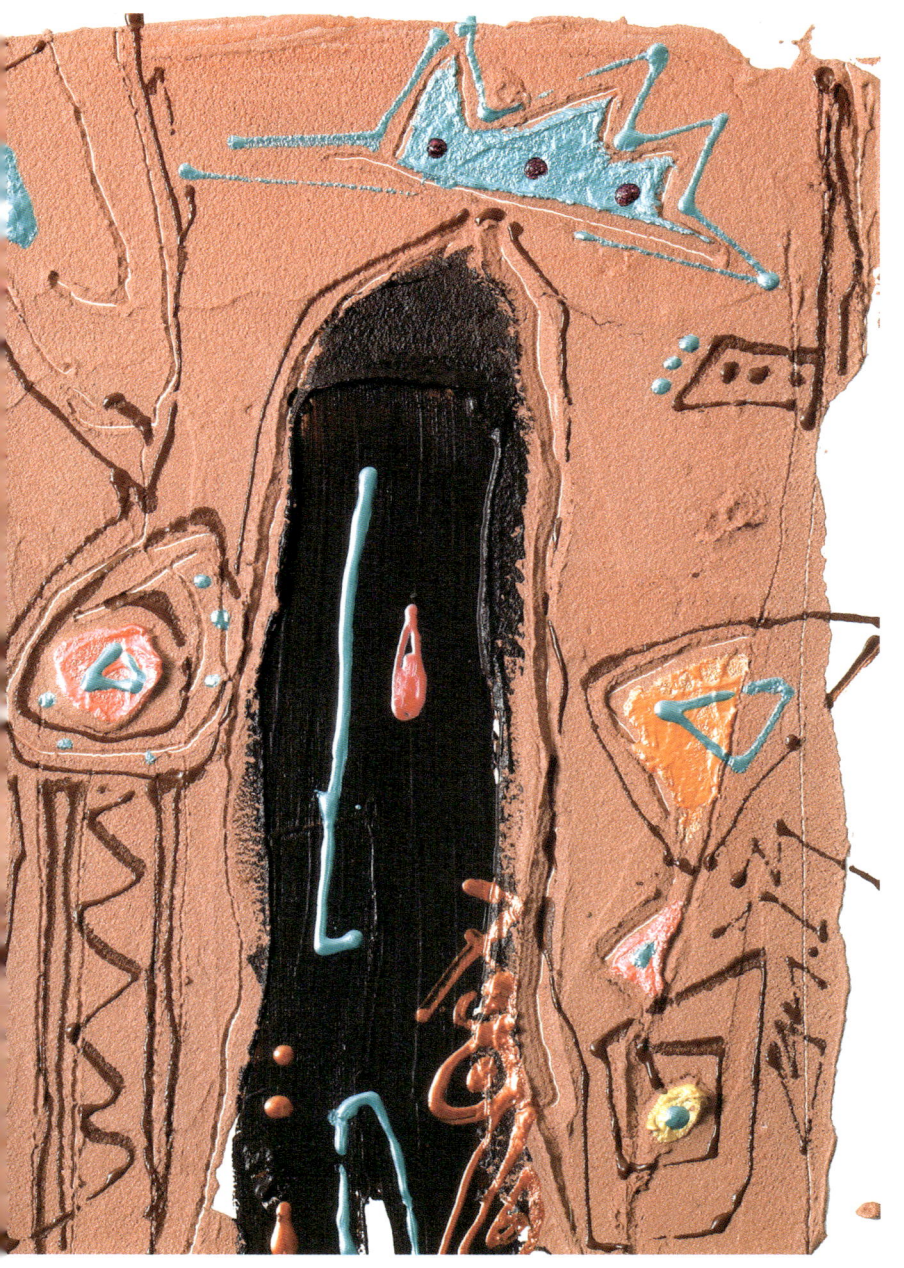

종이컵

촉수처럼 뻗은 뿌리의 절규
오늘이 된 어제
기록된 기억들

절명의 순간
새로운 삶의 희열

걷고 또 걷고
잘리고 깎이고 접히는 긴 여행
피곤함 속에 담겨진 평온

지금, 이 순간 낯선 모습으로
익숙하게 다가오는 수수한 얼굴
모든 것을 담아내는 마음

손을 잡는 순간
천년의 숲으로 간다

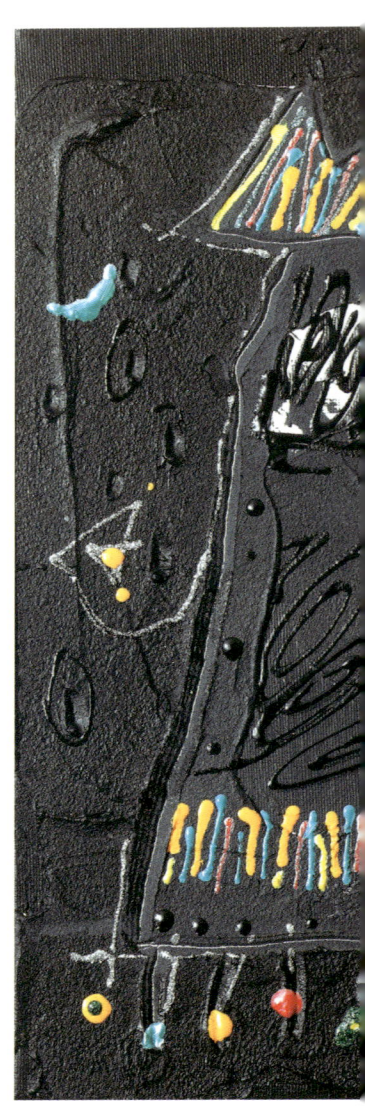

물방울

긴 장마에 젖어들어가
물방울이 되었다

완력에 갇힌 팽창
피할 수 없는 빛의 산란

막을 찢고 나오지 못해
바다과 일치될 수 없는 운명

세상이 흔들릴 때마다
균형 잃는 마음

구르고 굴러
세상의 끝에서 끝으로
중력에 몸을 맡기고 날아올라

바다에 부딪혀
임계점을 넘는 순간
또 다른 자신을 만들고

마주한 바닥에 기생하며
채워가는 결핍

빨래방 1

수십 대의 세탁기들이 돌아간다
주변과 상관없이

김칫국 묻은 셔츠
담배 냄새 찌든 점퍼
땀 냄새 나는 운동복
세상의 무게를 안고 온종일 걸었을 양말
하루를 살아낸 흔적들이 돌아간다

살아오느라 때 묻은 마음도
어찌하고 싶다
잘 살아왔지만
지쳐있는 마음을
한 번쯤 세탁기에 세제를 넣고
빨아 쓰고 싶다

건조기로 옮겨진
깨끗해지고 향기를 입은 빨래들
뽀송해지기 위해 뒤엉켜 돈다
혼자가 아니어서 더 따뜻해진다

따스해진 옷가지들을
가지런히 개며 마음도 접으며
빨래방을 나갈 때는

혼자가 되고 싶었던 마음이
같이 살아갈 준비를 한다

빨래방 2
– 외출

마음이 먼저 신발을 신고 나간다

봄은 이미 외출하고 없었다

꽃들은 집 나간 어미를 그리는지
글썽이며 고개를 들썩이고
뉴스에서 강원도 오월 폭설을 알린다

기껏 나온 곳이 빨래방이다
세탁기를 열고 빨래를 넣고
드디어 외출한다 세탁기 속으로
빨래가 깨끗해지는 동안
깨끗해지길 원하며

세탁이 끝나고 건조기를 기웃거린다
건조기를 열고 빨래를 넣고
외출을 이어간다 건조기 속으로
빨래가 따듯해지는 동안
따듯해지길 원하며

커피는 외출의 동반자
쓰디쓴 커피가 달콤해지는 마법

외출은 그런 것이다
쓴 것이 달콤해지고
깨끗해지고 따듯해지는 마법

빨래를 마칠 때쯤
마음과 함께 집으로 돌아갈 준비를 한다

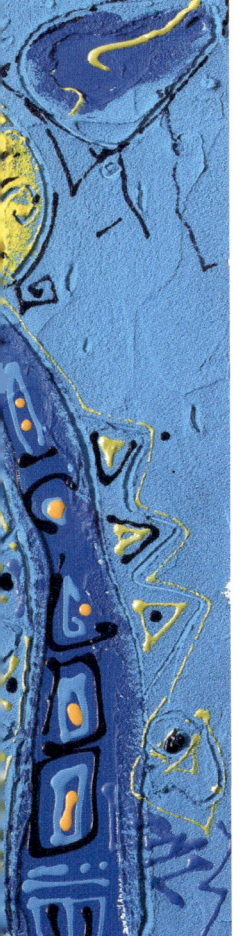

백열등 소외

깜빡이다 꺼져버린다

팽팽했던 필라멘트 마디가 끊겨 버린 순간
그 순간의 종말, 혹은 사고였을까

불 밝히던 포장마차
온기를 더하던 단칸 셋방
노란 불빛은 시간의 발자국

남은 따뜻함조차
저항의 끝에서 서서히 사라지고
대신할 그 자리의 기억
불빛이 있었던 사실조차 부정한 채

여전히 불 밝혀 반짝이고
지나간 시간은 기억 속에
아무 일 없다는 듯

불빛이 거부하는 기억까지
시간은 그저 흘러갈 뿐

그 불빛을 재현하지 못한다면
그 발자국을 다시는 되돌릴 수 없다

다시 깜빡거릴 때까지

너, 목련

눈 쌓인 강가에서 얼음장을 딛고
더디고 더디게 오시는 님

기다리고 기다리는 동안
켜켜이 쌓인 나이테를 읽으며
생목(生木)으로 써 내려간
백의의 천사 천 개의 표정

겨우내 걸어오며 쌓인 업
하얀 치맛자락 휘날리며 보일 듯
무명 저고리 버선코에 묻고
시나위 허튼 가락 사르라니 풀어내
한바탕 살풀이에 그냥저냥
봄이 오신 듯하지만

혈기로 터진 살 겨울의 긴 산도를 찢고
객기보다 먼저 피워낸 이앓이 덕에
물오른 길을 천 개의 얼굴로 백의의 천사로
더듬더듬 멀리 찾아오시는

핸드폰을 거슬러 오르는 언어[言語]들

네모난 어항 속에서
펄떡거리는 고독
발효된 시간이
죽어버린 추억을 부활시키고
히메로스의 손은 망설임 없이
가장 싱싱한 놈으로
거침없이 회를 떠
초대 받은 이의 접시에 올린다

머리 몸통 꼬리
욕망의 살점을 나누다 보면
남은 것은 앙상한 문자만이
날카로운 칼끝에 걸린다

시간을 거슬러 오르는
비린내 나는 단어들
입술을 뻐끔거리며
뼈만 남아 앙상한 몸
아직은 깜빡거리는 눈으로 나를 바라본다

나를 지워가며
마지막 남은 살점을 손가락으로 집어든다

비문을 고치며

주어를 잊은 계절이
목적어를 봄으로 적으며
건물 사이 좁은 골목으로
무작정 다가온다

신발을 신는다는 것은
어둠 속에서
조금 더 빛을 찾으려는 바람이다

주인 없는 신발들이
빌딩 숲 사이를 헤멜 때
신발끈을 동여 멘 겨울이
이방인의 걸음으로 지나간다

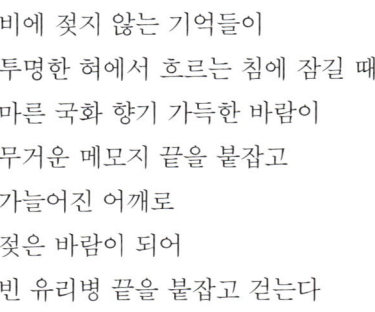

비에 젖지 않는 기억들이
투명한 혀에서 흐르는 침에 잠길 때
마른 국화 향기 가득한 바람이
무거운 메모지 끝을 붙잡고
가늘어진 어깨로
젖은 바람이 되어
빈 유리병 끝을 붙잡고 걷는다

어제의 봄을 소유한 미소가
주어가 되어
오늘과 내일의 문장을 만들어간다

엉겅퀴

인기척에 일찍 일어나는 솜털
역력히 반항하는 낯빛
들판 가득 물오른 기억뿐이다

날 선 가시에 고백도 못하고
돌아서는 이유가 고작
범접키 어려운 도도 함이라니
그저 그런 내 자격지심을 뭉개고
기품에 맞서리라

건드리지 말아요
환(患)이 다가와
깊숙이 뿌리내리고서야
알았어요

다칠까 돌아서는 두려운 뒷모습
환(歡)으로 달여진
도도한 기억이라는 것을

*빈소 할인

월세와 전세를 전전하며
평생 집 없이 살아왔다

맞벌이를 하며
아이들과 잘 놀아주지도,
변변히 여행도 가지 못했다

하지만 가족 앞으로 된
집 하나 장만하지 못하고 살았다

살아가는 동안
오르고 또 오르는 집값을 따라가다
이 한 몸 누울 곳 찾지 못하고
마지막이 되어서야 삼 일간의 집이 생겼다

그것도 할인받아

가족에게 체면을 세워 준
고마운 세상의 마지막 친절

* 운전하며 가다가 어느 장례식장에 걸린 플래카드 광고를 보고 마음이 쓰여 적어 봅니다.

시가 된 가을

갑작스러운 가을을 회초리질하듯
아찔한 매서운 빗소리

밤새 안녕한지 궁금한 코스모스
가을도 놀랬는지 아침 얼굴이 누렇다

창문 밖 목련 무슨 걱정 있는지
수심 가득한 어두운 얼굴 낯빛

언제 그랬냐는 듯
새침한 아침 햇살은 여름이 아직인 듯
매미는 길지 않을 인생을 노래하고
하늘은 맥없이 푸르고
무심한 구름은 보이지도 않고

어느새 책상에 앉아 있는 가을

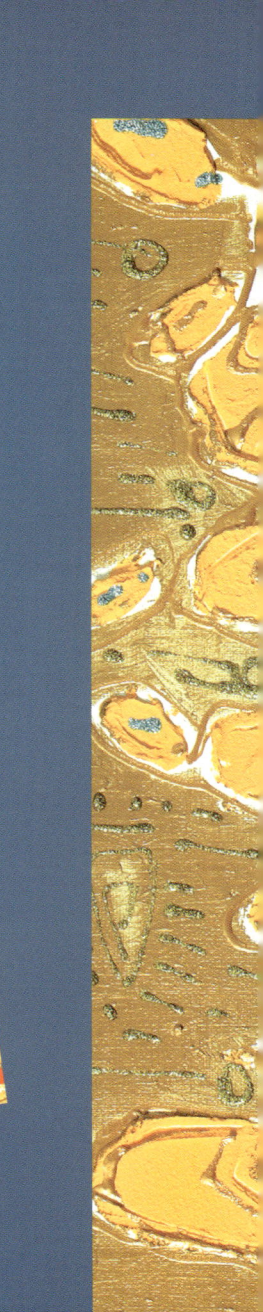

목련

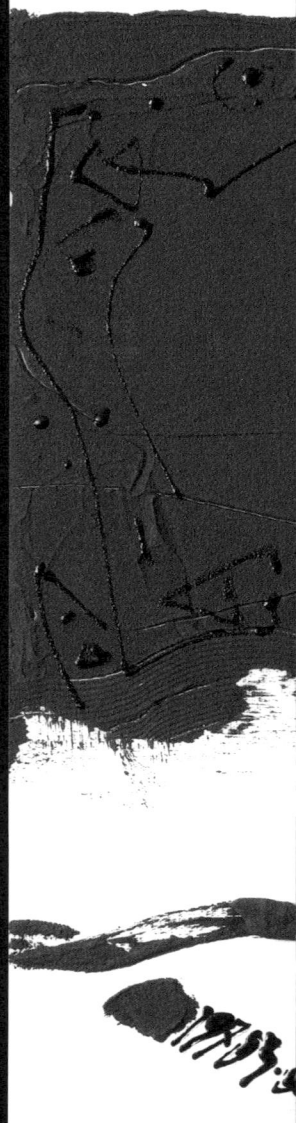

바라는 사랑 말고는
아무런 미련 없다는 듯
별똥별 되어
허공에 시간의 괴적을 남기고
땅에 닿기 전 모두 타버린 하이얀 심장

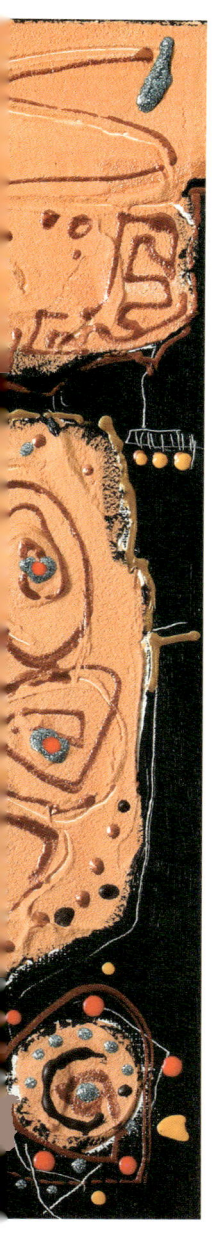

보일러

속이 뜨겁다

뜨겁다 못해 새까맣게 타버린 마음

구석구석 열기를 돌리고
물을 덥히며 온기로 집을 돌보느라
그렁그렁 가래 끓는 소리,
연통으로 내쉬는 긴 한숨

오늘도 뜨거운 속에
끊임없이 불어 넣는 열기
언제 꺼질지 모를 계기판을
아랑곳하지 않고

가족들이 모두 씻고
잠자리의 온기를 지키고서야
무심한 듯 헛기침 한 번에 누이는 몸

눈물 없이 우는 바람

눈물 없이 우는 바람이
어깨를 들썩이며 뛰어간다

나뭇가지를 붙들고 울고
유리창을 두드리며 울다가
교회 종탑 양철지붕에서는 더 서럽게 운다

세상 끝에서 불어오느라
산과 강을 건너느라
비가 올 때는 비에 젖느라
생각하지 못하고, 찾아가지 못해 운다

흔들리지 않으려 오른손으로 왼손을 잡고
지나왔던 남쪽 길을 바라보며
민들레 홀씨 타고 날아오른다

해맑게 웃던 어린 시절 친구 그리며
눈물 없이 우는 바람이
깜빡이는 가로등을 적시며 서럽게 운다

지하철 1호선

지하철을 타면
비빔밥이 먼저 옆에 와 앉는다
이어서 지중해의 라벤더가 피어오르고
도봉산 정상도 우뚝 솟아오른다

지하철 문이 열릴 때마다
많은 하루가 밀고 들어온다

고단한 할머니의 한 끼
향기를 머금은 설렘과
산행의 노곤한 하루가
코점막에 시를 쓴다

손에 든 시집보다 더 시 같은
향기를 읽는다

시한부 시인이 쓴 시가
가장 슬프다고 생각했으나
정작 코로 읽는 이야기들이 더 슬펐다

시집을 덮고 눈을 감았다
더 진하게 느껴지는 시어들
우리는 우리도 모르게 향기로 시를 쓰고
역을 지날 때마다 신간 시집이 만들어진다

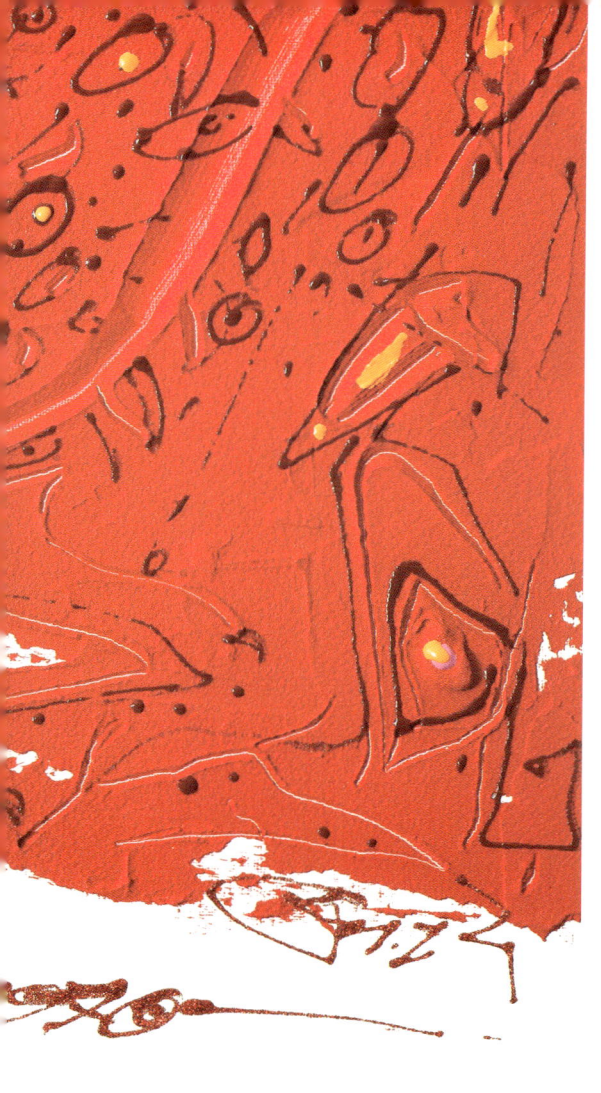

동백꽃

툭!
허공을 가르며
땅에 내려와
더 붉게 타오르는 별똥별

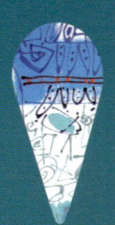

음성인간

코와 입을 지나서
음성인간이 되었다

거리를 걷고 친구와 봄을 느낄 수 있었다
이름표와 가격표가 붙여지고 난 다음에야
진열대에 오를 수 있는 상품처럼
음성인간이 되고서야 비로소

얼음이 녹고 꽃이 피고 푸른 잎이 돋아나면
봄을 느낄 수 있는 것처럼
음성인간은 환한 빛만 마음 가득할 줄 알았다

잠기지 않은 문은 무엇보다 단단하게 잠겨있다
문을 열고 나가지 못하는 마음

정의되지 않고
스스로 음성인간이고 싶다

둘이 혹은 우리로 서고 싶다
스위치를 켜고 마음 가득 빛으로 채워

알람 소리에 잠에서 깨어 핸드폰을 열었다
아침 일찍 도착한 문자

*'당신의 검사 결과는 음성입니다.'

창문 밖 봄은 가득한데

* PCR 검사 결과 문자

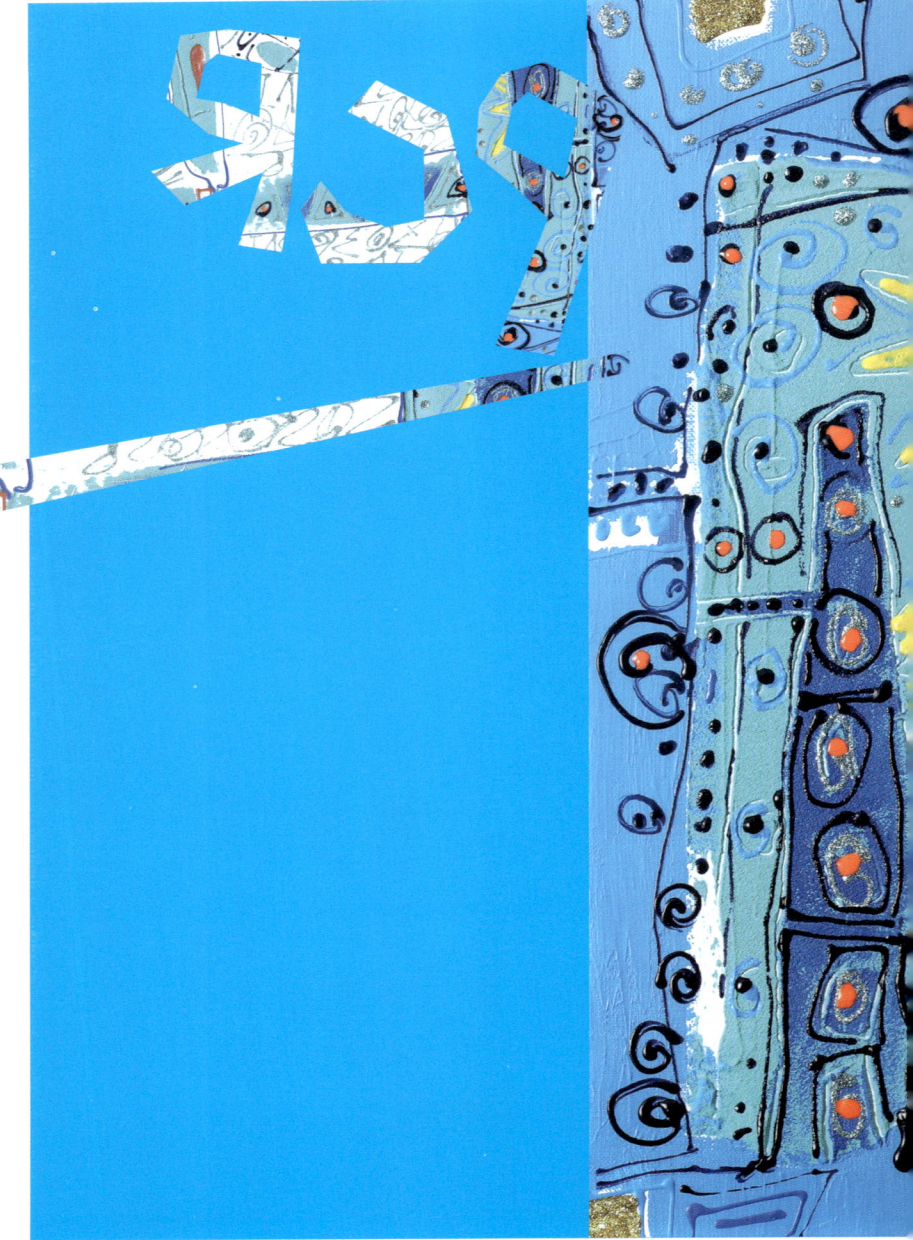

철쭉

철쭉이 피었다
　　　　엄마가 웃었다

거미줄

집을 지었습니다

인생을 한 올 한 올 엮어
줄을 그어 방을 만들고
하늘을 지붕삼고
울타리를 쌓지 않아
바람이 지나고
비가 방울방울 불을 밝히는
그런 누구나의 집을

지나던 구름도 들여다 보고
아무것도 들이지 않아
언제든 떠나도 미련이 남지 않을

이곳 저곳 마음을 기대며
기둥을 세우고
마음속으로 점점 작아지며
균형있게 시간을 메워
누군가엔 치명적이고
누군가에게는 휴식이 될
집을 지었습니다

단순한 비밀
– 산다는 것은

그날 예보에 없던 비를 맞았다

보고 싶던 친구를 우연히 만나 꽃길을 걸었다. 바람이 거센 들판을 혼자 걷다 둘이 걸으니 바람도 잠잠해졌다

비를 맞으며 바람을 막아주는 친구, 나를 위로하는 강아지, 조용히 손 내미는 아내, 무심한 듯 편들어주는 아들과 환하게 웃어주는 목련, 현실에 울고 웃는 것이 때로는 살아가는 이유가 되기도 한다

어느 날 먼저 간 친구의 비보에 참담해하다 어차피 누구나 흙으로 돌아가 바람으로 떠돌 것이라며, 아무 일 없는 듯 식사를 하고 내일을 위해 잠자리에 들면 꽃 같은 세월 아픈 것도 겁나고 죽는 것도 무서워 자꾸 뱉어낸 시어가 눈앞에 날아다니는데 산다는 것이 저세상을 살기 위한 연습이라 생각하니 더 나은 날의 모순조차 당연한 듯 찬란하다

세상과 소통하며 산다는 것은 자신을 순응하는 생명의 힘이다

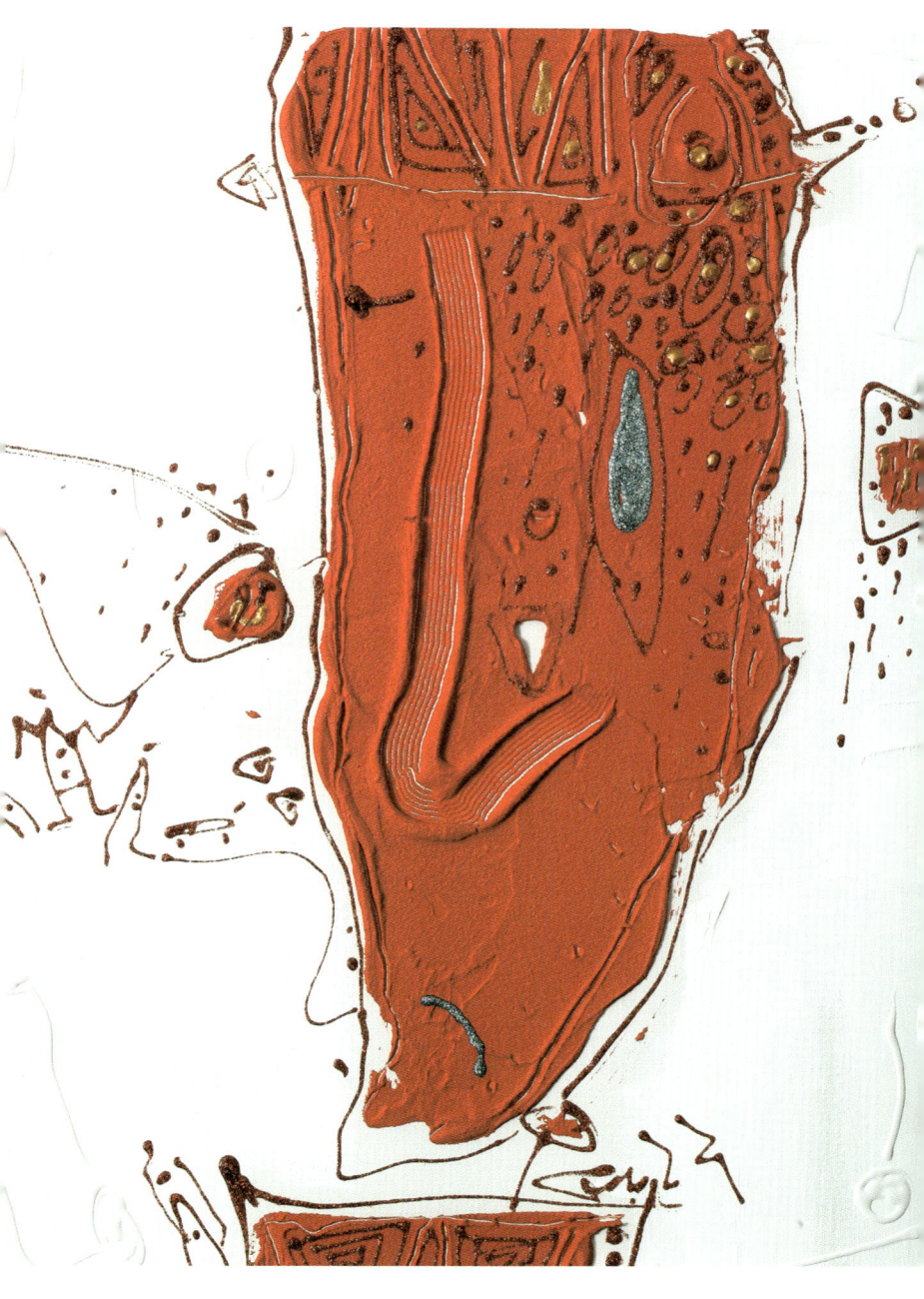

미역국

집사람 생일 맞아
새벽같이 일어나
참기름에 소고기, 미역 넣고
달달달 볶는다
내 마음도 같이

물을 부어 푹 끓인다
이십여 년 살아온 세월도
국간장과 함께 넣고

찐하게 우러나는 국물 따라
짠한 마음도 우러난다

거품을 걷어내며
뽀얀 국물 저어준다
늘 마음도 몰라준다고
바라는 거 별거 아닌데
양말 벗어 놓는다고
집안일 안 도와준다고
서운한 그 마음도 걷어내었으면

국이 끓는 한참 동안
뚜껑 구멍으로 솟아오르는 미안함이
가득 부엌을 메운다

신발

길을 가다 만난 버려진 신발

신발이 필요 없어진 걸까
낡아서 버린 것일까

집을 들어갈 때처럼
뒤꿈치로 눌러 벗어
다소곳이 놓인 모양이 신경 쓰인다

시간의 중력을 이기지 못해
높은 과거로 떨어져 버린
첫 만남은 분명 설렘으로 시작되었으리라

이젠 다른 표정을 만들 수 없는
따듯한 손길을 잃은 신발 끈

뚜벅뚜벅 걷는 꿈을 꾸고 있을까
발등 덮개 눈꺼풀이 파닥거린다

고단할 것 같은 걸음들을 되새기며
마음이 신발을 신고
같이했던 비와
같이했던 눈과
같이했던 자갈길
같이했던 포장길
아름다웠던 주변 풍경들을 느끼며 걷고 있다

맨발로 걸어가던 마음이 신발을 신고 웃는다

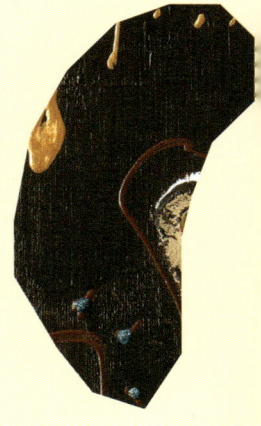

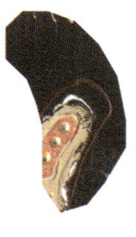

노을

퇴근길 들린 커피숍
문을 열고 들어가자
나를 발견하고 웃는 잔잔한 음악

창밖에 해가 져가고,
자리 잡은 커피숍 창가
주문한 커피를 따라온
쓰디쓴 문자가 목구멍을 넘어간다

잔이 식어가면서 웃기 시작했다
다 마신 커피잔은 반납하고
그냥 들고 나온 해독하지 못한 웃음

멀리 산등성이 넘어가던
구름이 웃는다
무엇이 그리 웃긴 건지
겨드랑이까지 빨개지도록 웃는다

터벅터벅 걸어온 세상
붉은 웃음이 된 아름다움
정작 나의 눈물로 읽혔다

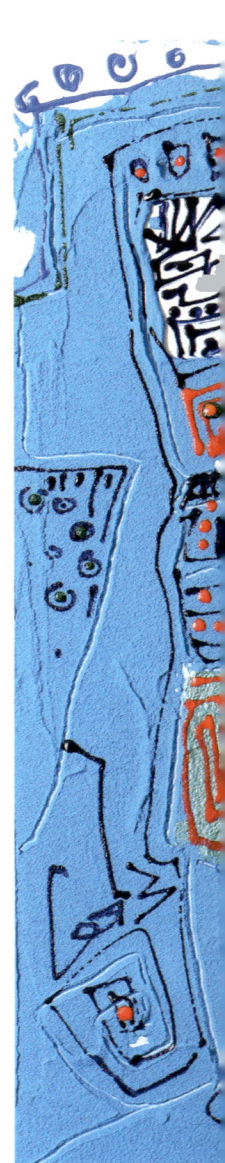

겨울비

겨울이 죽었다고
개나리가 문상을 왔다

갑자기 변하면 죽는다고 했는가
냉정한 모습은 온데간데없고
덤불 속 풀벌레들까지 다독이는 따듯함이란

부고도 없이 북망을 헤매다
하늘을 만나 잿빛 오늘을 흘린다

시간과 시간이 맞닿는 사이
오늘이 하얀 문을 열고 들어가
지나간 결핍으로 스미어
내일의 잉여를 만들어 낸다
애초 오늘은 내일이었다

매몰찬 추위가 노래가 되어
자작나무 숲 속에서 불릴 때
눈물이 얼어붙어 된 오늘

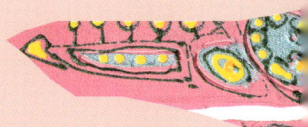

실컷 울고 나면
헤어지며 아무 일 없는 듯
땅에 달라붙어 있는 냉정함을
핑계 삼아 웃으며 돌아설 것이다

죽은 겨울이
이젠 흔한 시가 되어 버려지고
낯선 문장이
바삭한 얼굴에 흘러 위로가 된다

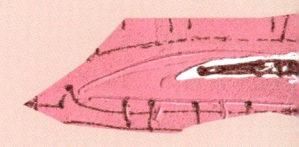

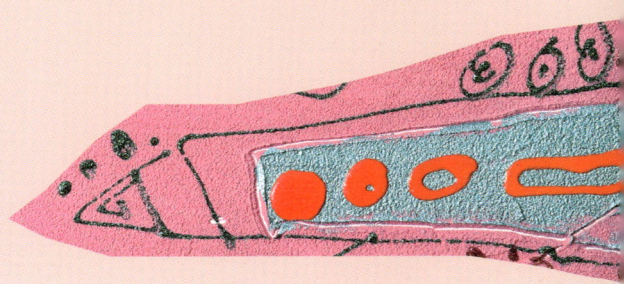

얼음

뚜벅뚜벅 고행의 길
걸어가는 걸음마다 고뇌가

차가운 얼굴 속에 감춘
뜨거운 심장을 지키려
동토를 향해 걸어간다

걷는 발자국마다 가득한
땀인지 눈물인지 모를 흔적

마음속 우주를 품고
동그랗게 퍼져 나가는 별들
끝에서부터 동글해지는 마음

다가와 몸을 맡긴
삼라만상의 구원을 위해
자아의 상실을 허락한 피안에 이른 이여

비도 오고 그래서

비도 오고 그래서
라디오를 켜니
누군가 신청한
헤이즈의 "비도 오고 그래서"
누군가도 듣고 싶었나 보다

지나간 시간을 데려오는 비
누가 생각나기도
언제가 그리워지기도
무엇이 보고 싶어지기도
기억 속에서 제비 뽑기 하는 비
비가 오면 생각나는 무엇이 있다

커피의 쓴맛을 느끼기도 전에
아이스크림의 달콤함을 느끼게 하는
아포가토의 유혹처럼
비는
후회를 느끼기도 전에 미소 짓게 한다

비를 맞으며
남들과 같은 음악을 들으며
남들과 다른 것들을 불러와

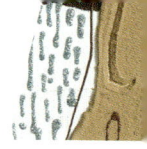

노래 속으로 들어간다
비도 오고 그래서

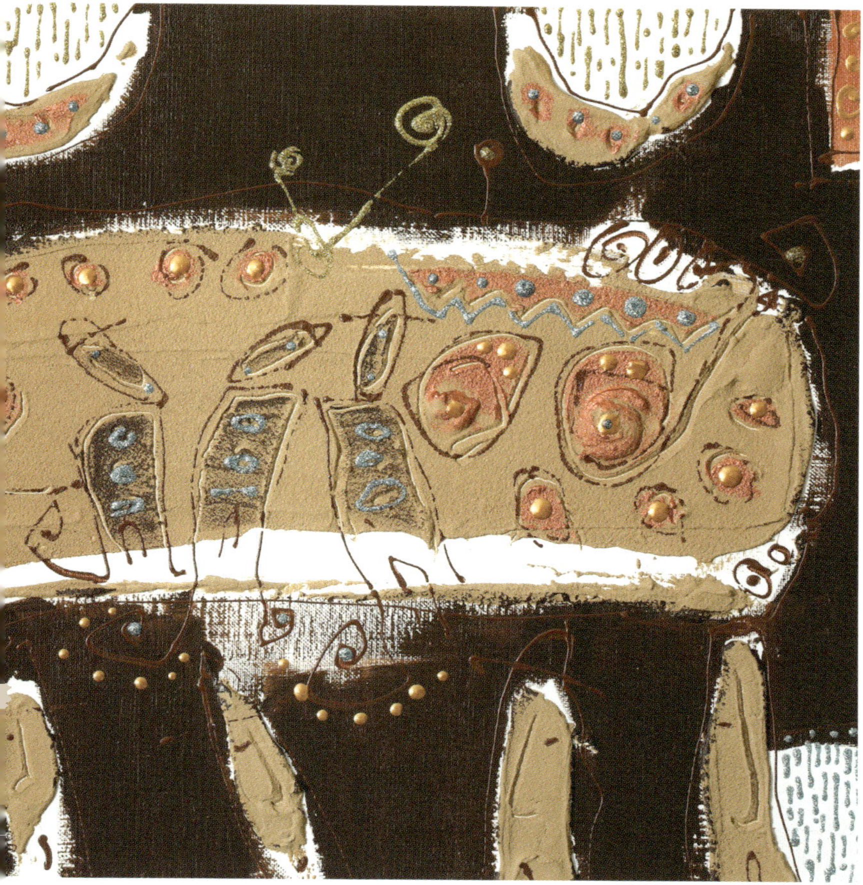

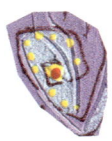

사랑

눈 속으로 걸어가는 그곳은
별들이 쏟아져 내리는 사막의 밤
밤하늘에 길들여진 그곳에
샹그릴라는 열리지 않는 문처럼
머물다 별이 되어간다

사막을 가로질러 흐르는 은하수
오아시스에 이르러 수면 위를 구르는
윤슬, 끝없는 사막을 거닐며 바람이
전해주는 별의 향기에 젖는다

베두인과 태초부터 느긋했던 낙타
고독하기만 한 장막을 제치고
적막할 그곳에 다다르기 위해
별을 등에 지고 걷고 또 걷는다

위로

힘내라는 말보다
믿는다는 말이

좋은 하루 되라는 말보다
행복한 하루 되라는 말이

이유 있는 연락 보다
그냥이라는 말이

백 마디의 말보다
글썽이는 침묵이

모두 좋은 말이지만
분명한 온도의 차이가 있다

고개를 들어 눈 시린 하늘을 보았다

하늘이 말없이 눈물을 글썽인다

감사

가을이 올 때마다
고향의 죽마고우가
"감 사" 합니다

가을마다
버릇처럼 "감"삽니다

가으내 친구의 손길을 느끼며
감사하며 감을 먹습니다
생감으로, 말랭이로, 곶감으로
싼값에 고급진 우정을 느끼며

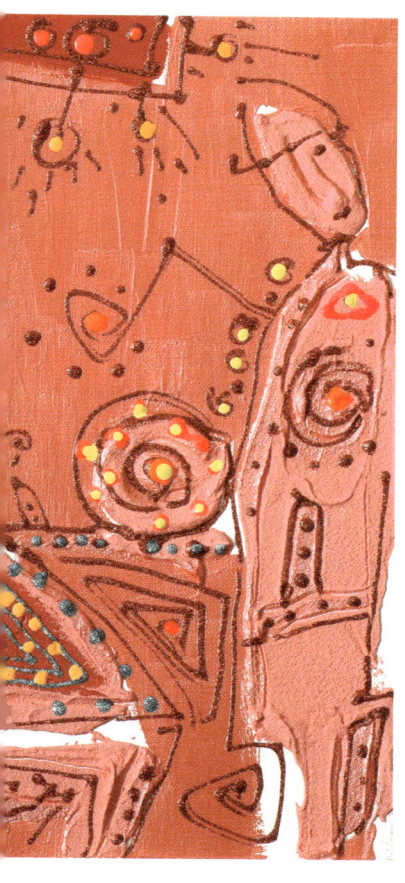

겨우내 친구의 감을 먹으며
잊지 않고 챙겨주는
이런 친구가 있어 감사합니다

가을에만
"감"사는 줄 알았습니다

앞으로는 항상 감사하렵니다

신호등

꽃이 피었습니다
빨강 노랑 초록불
번갈아 반짝이는 사이
우리는 까까머리 꼬꼬마

빨간불이 켜지면 멈추고
노란불이 켜지면 준비하고
초록불이 켜지면 달려간다

도시의 교차로 위에선
한 손에는 희망을, 한 손에는 두려움을
실어둔 채 서로를 바라보며
너와 나,
우리의 시간을 헤어나가며
시작된 술래잡기
놀이터가 된
거리의 틈 사이사이

도시의 교차로마다
무궁화꽃이 활짝 피었습니다

자화상

분리수거장 앞을 지나는데
버려진 곰 인형이 인사를 하네

돌아볼 수밖에 없는 익숙한 풍경이
발걸음을 붙잡아 끌었네

그곳은 망가진 기억을 주워 담거나
버려진 추억을 분리수거 하거나
습관적인 의무를 수행하는 곳으로
미련이 남아 애지중지하던 것에
빛바랜 시간이 길게 관통하네

파괴된 돛단배의 이야기로
가슴 쓸어내리는 새벽녘
푸르고 깊은 의지로
누군가의 무엇이었다가
누군가의 무엇이든 되고 싶었던 배는
제 부서진 그림자를 향해
혼자 항해하고 있네

김밥

두세 평 남짓
단칸방에 구 남매가 도란도란
서로 많이 다르지만
우애 만큼은 깊다

무녀리 누이는 늘 동생들 걱정
멋진 큰형은 사우디 다녀온 무용담
해군 다녀온 셋째는 군대 얘기
고만고만 남매들
김밥의 맛있는 고명들처럼
다양한 세상 얘기들로 별을 헤인다

작은 이불 가로로 덥고
작은 발 큰 발
이불 밖 꼼지락거리며
창문으로 새어 들어오는
달빛으로 고두밥을
창호 문을 울리며 들리는
풀벌레 소리로 간을 하고
지나간 일들로 고명을 넣어
큰누이부터 막내둥이까지
이불을 당기며 김밥을 만다

백열등 불빛 작은방에
고소한 김밥 냄새 가득하다

옹이

팔을 잘라내는
아픔을 지나고
시간을 지나,
지금은 영롱한 눈빛이 되어
날 바라보는 너

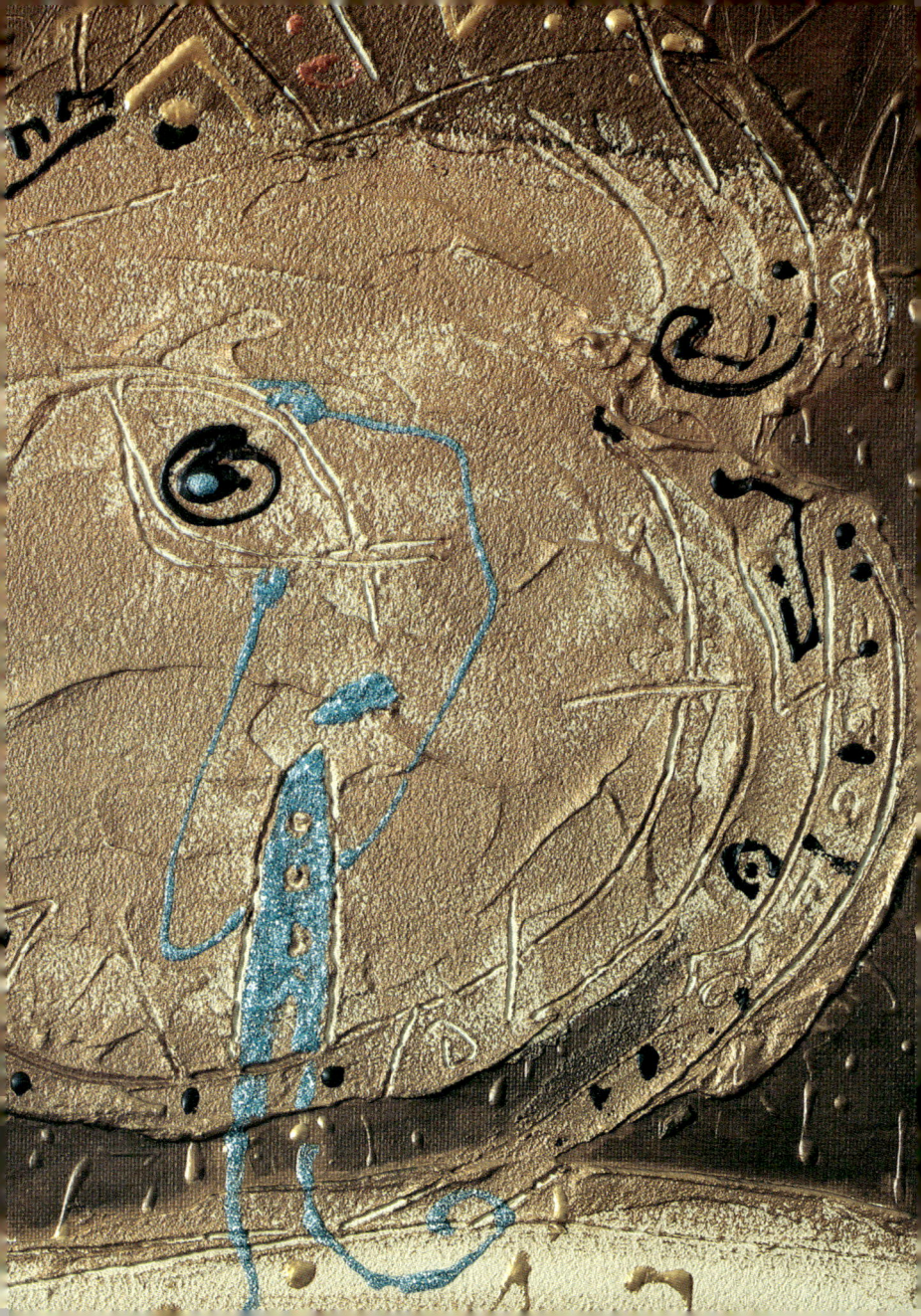

이팝나무꽃

봄이 뜸 들이는 동안
소복이 차오른다

어렸을 적 아랫목에서
가장 큰 어른 노릇 하던 밥그릇
좋은 자리도 모자라
이불까지 덮고 아버지를 기다리던 고봉밥 한 그릇

시린 손 녹이려 이불 속 손을 쑥
아뿔싸, 꽃이 진다
어머니 찰진 욕이 꽃잎으로 후드득 날린다

아랫목에서 꺼낸
흰쌀밥 한 그릇
비우고 환하게 웃던 아부지

오월, 나무 가득 밥이 끓는다
모락모락 아부지 생각 피어난다

홍시

우듬지 아스라이
엄마 젖무덤처럼 포근한 붉은 자태
사무치다 붉게 물드는 그리움,
앙상한 가지에 바람 일면
떨어질까 안타까운 저 홍시 하나

상강의 된서리에도
시샘하는 가을바람에도
말랑말랑 여리디 강한 그 모습
눈 시린 푸른 하늘
다그치지 않는 적막

산 능선 고운 단풍 질 때
까치며 산비둘기 허기질세라
모든 걸 내어줄 마지막 결심
우리 엄마 그 모습 같아
그리운 눈물,
단풍 되어 떨어지고 떨어지고

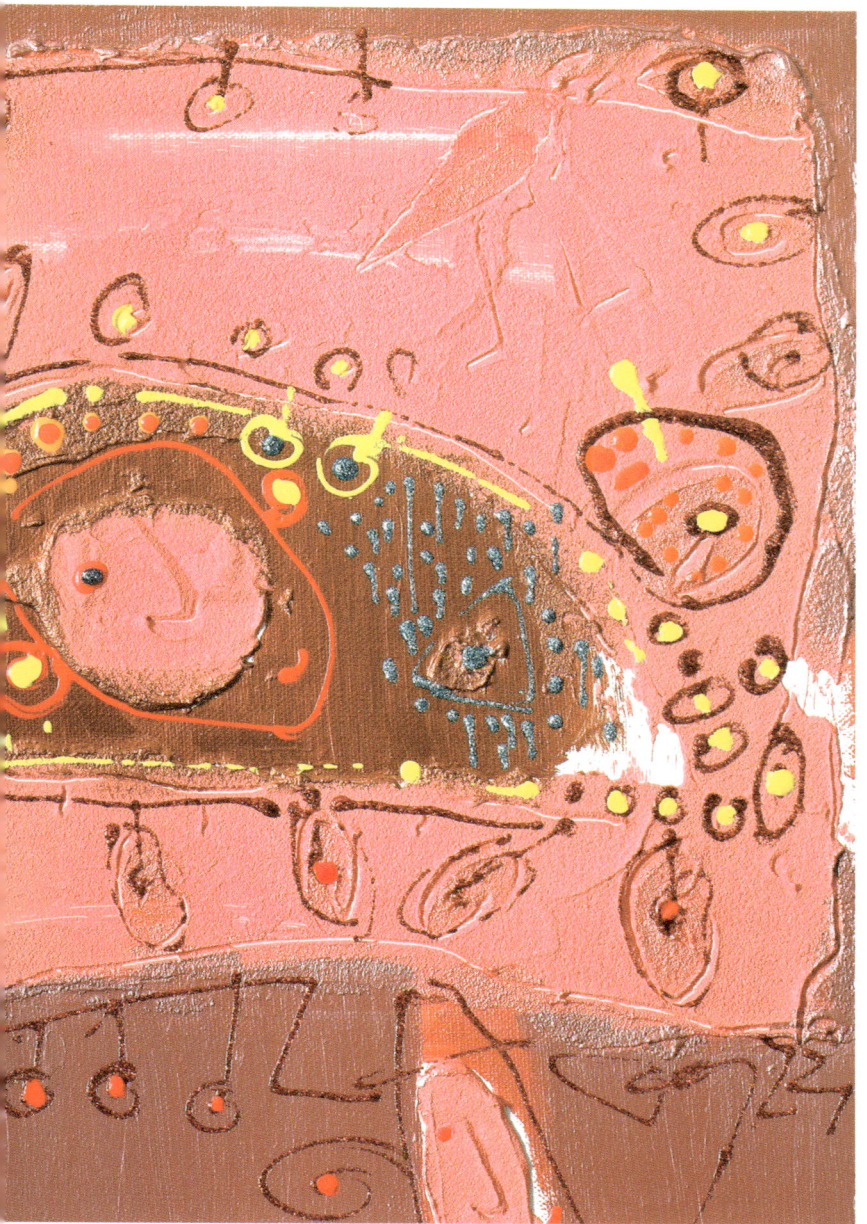

버섯 향기

아궁이가 있던 옛집
고사리손 꼭 잡고
나무하러 산에 가시던 어머니

죽은 솔가지 모으시다
만나는 버섯마다
표고버섯, 느타리버섯 이름을 부르시며
가르쳐주시던 어머니

멀리서 먼저 다가오는 향기

어머니 덕분에
이름과 함께 만날 수 있던
그 향기의 주인

아내가 사 온 표고버섯
버섯 향기 속에 딸려온 어머니

버섯 향에 눈이 맵다
매운 음식이 아닌데도
흐르는 눈물을 닦으며
헛기침으로
목에 걸린 어머니를
흘려보냅니다
마음속 깊이

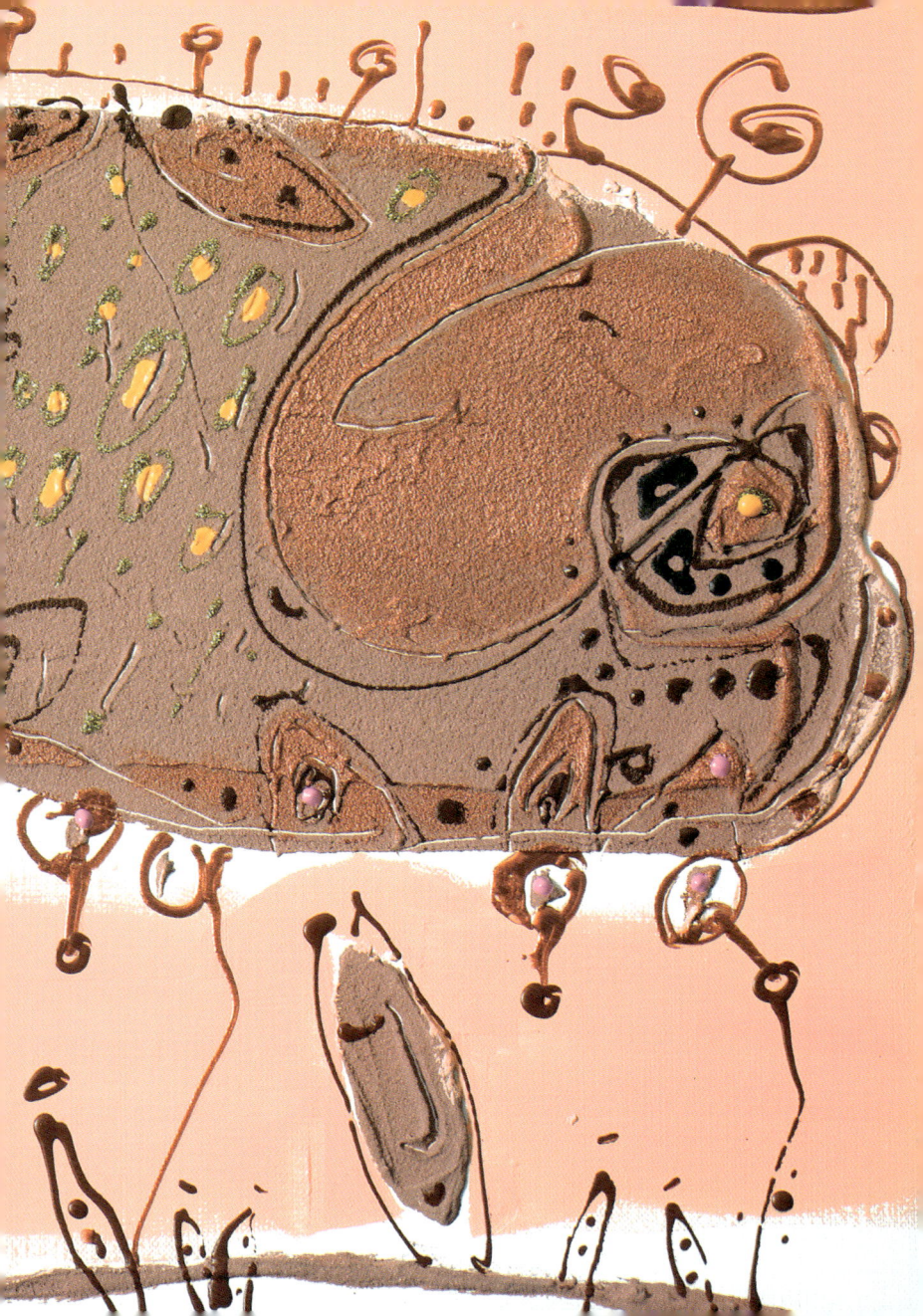

아버지의 노래

철없던 어린 시절
정겨운 노랫소리 들려오던
고샅길 돌아본다

기다림보다 먼저와
설레게 하던
한소절의 돌림노래

신바람 가락에 묻어오던
정다운 소리

사그작 사그작 박자 맞추던
무엇일까 궁금했던
풀빵 든 비닐봉지

다시는 듣지 못할
아버지의 노래
마음속 가득한 그리운 노래

폭설

말이 많아지는 오늘

쌓이고 쌓인 한마디 한마디
허기진 마음이
포근한 그 위를 걸으며
남겨진 끝을 향해
걸어가는 발자국

마음처럼 곧게 뻗어간
차가운 자국 위로
뜨거운 말들이 쌓여
흔적들이 지워질 때 즈음
식어버린 말들 위를
걷고 또 걸어가는
까맣게 타버린 시간

기다리기보다 한발 다가가
둘이 서있던 끝에 서기 위하여
뛰어가는 아직 푸른 기억이
쌓이고 쌓이는

꽃 여행

출근할 때 보았던 꽃이
퇴근할 때 보이지 않는다

꽃이 지면서 시작된 여행

예매 없이 떠나는
삶의 무게만 한 길

발을 붙드는 반비례의 거리
비례하는 마음은
하루 종일 뛰어다니던
골목을 앞서 날아간다

그냥 꽃이 졌다고 하기에는
먼 기억부터 가득해지는 향기

여행이 끝나자 꽃은 피어났다

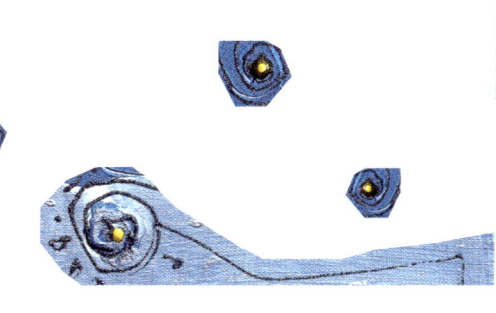

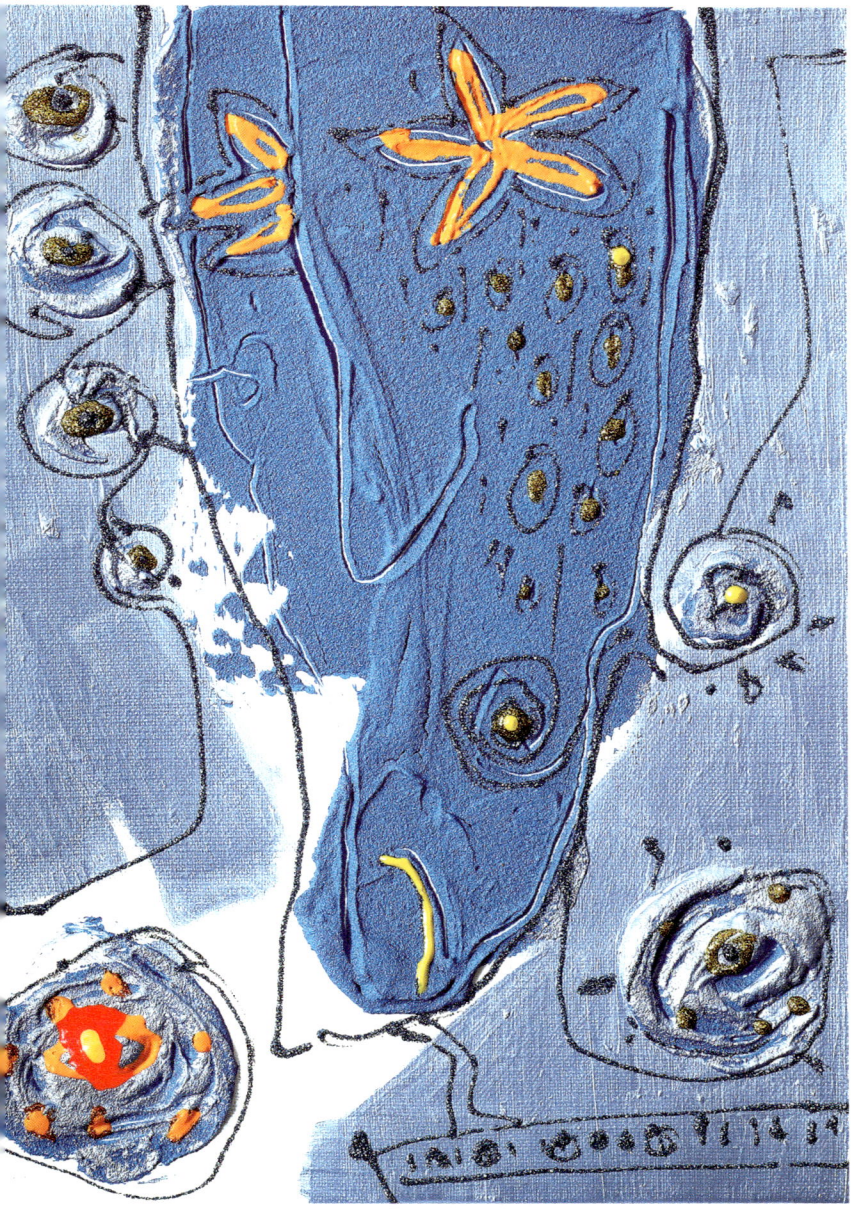

고향으로 가는 그림자

그림자만 고향으로 갔다

단풍나무 밑동에서
노란 대문 옆 돌담에서
작은 골목길을 따라서
들판을 따라서
삐비꽃이 되어 뛰어간다

끝내 가질 수 없었던
빛이 물을 때만이 답하는 너
붉은 단풍의 심장박동 소리를 들으며,
스멀스멀 발끝에서
고드름처럼 피어나

나란히 마실 가던 고샅길로 뛰어가는
순이네 대추나무와 단감나무
옆에 우뚝 설 때면
빛의 뼈가 되어 고향으로 가는 그림자

미학적 관점의 편두통

공연을 기다리는 머리에 올려진 바위
손으로 굴려 보지만
더 깊이 굴러가 벽에 부딪힌다

끝을 알 수 없는 층계참 없는 계단
알 수 없는 노래 소리를 향해 오르고 오른다

뒤틀린 시간 속
블랙홀을 스치는 우주선의 곡예비행

바람이 주인인 텅 빈 거리에서
청룡열차를 타고
상승과 곤두박질을 즐긴다

예기치 못한 시간에 시작해버린 공연
서툰 몸짓에 마중 나온 추임새
영접하는 신들린 춤사위
진양, 중모리, 휘모리장단을 넘나들며
한바탕 놀던 선무당의 긴 한숨만 허공을 들이킨다

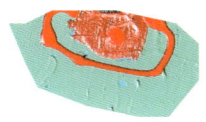

새벽

그대 있으매
아침이 더욱 싱그럽게 다가옵니다

영롱한 이슬 머금고
흔들리지 않는 모습으로 다가와
위로하는 그대 있으매
어둠의 고행길 지나
희붐한 여명의 길목을 두려움 없이
거닐 수 있습니다

그대 있으매
꺼지지 않는 가로등 불빛이
더욱 아름답게 거리를 수놓고
별빛 반짝이는 강물도
더욱 아름답게 흘러갑니다

그대 있으매
긴 저녁의 적막도
고독이 아닌 기다림으로
행복할 수 있습니다

그대 있으매
지친 달빛과 샛별도 빛나고
세상을 일찍 시작하는 이들이
삶의 희망을 노래할 수 있습니다

새벽!
그대는 어둠의 끝이 아닌
빛의 시작이며
태양을 잉태한 축복과 희망의 시작입니다

그대 있으매 행복합니다

해설

**의미 있는 시간을
기록하는
시간 여행자**

이동훈 시인

1 시의 돛단배 띄우고

시의 바다에 돛단배 하나 간다. 먼 바다를 항해하며 시를 낚는 이는 뜻밖에 제복을 입고 있다. 장동빈 시인이다. 늠름한 모습은 제복을 입어도 딱 어울릴 것 같은데 실제 직업 군인이기도 하다. 부사관의 마지막 계급인 원사로 소임을 다하다가 제대를 앞두고 있는 것으로 알고 있다. 제복 입은 사진은 다소 근엄해 보이지만 두세 번 시인을 만나면서 받은 느낌은 인정스럽기도 하고 개구지기도 해서 탁주 한 잔 생각나는 날이면 시장 술집에서 편하게 만나고픈 사람이다. 한 잔 술에 사는 이야기 나누다 보면 서로의 곡절을 짚으며 깊어지는 순간도 올 것이라 여긴다.

시인은 데뷔 연도로만 치면 늦깎이지만 실제로는 오래전부터 꾸준하게 습작하며 문청 시절을 지나왔다. 이번에 첫 시집의 해설을 우연찮게 맡음으로써 시인의 곡절을 먼저 듣게 되었으니 순서야 어찌되었던 이 또한 귀한 인연이다.

이즘 시를 읽지 않고, 시집이 팔리지 않는 시절이란 얘길 자주 듣는다. 그런 중에도 바쁜 시간을 쪼개서 시 쓰는 직장인이 적잖다. 모든 것을 돈으로 견주고 환산하는 자본주의 사회에 투입 비용만 있고 산출 이익을 기대하기 어려운 시 쓰기에 몰두하는 이유는 무얼까. 과장해서 말하자면, 이 땅의 시인 수만큼 다양한 답변이 있을 거라고도 하지만 그중에서도 자기표현의 기본적 욕구라든지, 삶의 의미 있는 기록이라든지 하는 말에 공감을 하는 편이다. 그럼, 장동빈 시인에게 시는 무엇이었기에 끝내 시의 집에 이르게 되었을지 궁금해진다.

2 시 쓰기의 비밀 하나

시를 대하는 시인의 자세는 시를 통해서 느끼는 게 상수다. 「단순한 비밀」에서 밝힌 시인의 생각은 변죽을 울리는 여러 수사를 단번에 잠재우는 울림이 있다.

그날 예보에 없던 비를 맞았다
보고 싶던 친구를 우연히 만나 꽃길을 걸었다. 바람이 거센 들판을 혼자 걷다 둘이 걸으니 바람도 잠잠해졌다

비를 맞으며 바람을 막아주는 친구, 나를 위로하는 강아지, 조용히 손 내미는 아내 무심한 듯 편들어주는 아들과 환하게 웃어주는 목련, 현실에 울고 웃는 것이 때로는 살아가는 이유가 되기도 한다

어느 날 먼저 간 친구의 비보에 참담해하다 어차피 누구나 흙으로 돌아가 바람으로 떠돌 것이라며, 아무 일 없는 듯 식사를 하고 내일을 위해 잠자리에 들면 꽃 같은 세월 아픈 것도 겁나고 죽는 것도 무서워 자꾸 뱉어낸 시어가 눈앞에 날아다니는데 산다는 것이 저세상을 살기 위한 연습이라 생각하니 더 나은 날의 모순조차 당연한 듯 찬란하다
세상과 소통하며 산다는 것은 자신을 순응하는 생명의 힘이다

「단순한 비밀」 전문

'산다는 것은'이란 부제가 붙은 이 시는 장동빈 시인의 인생과 인생관을 동시에 압축해 놓았다. 시인에겐 한편이 되어 삶의 테두리를 같이하는 아내와 아들이 있고, 바람을 막아주는 든든한 벗이 있다. 반려견에 마음을 주고 목련에 정을 느끼는 다정한 마음의 소

유자이기도 하다. 하지만 세상사 뜻대로 되는 건 아니어서 바람이 그치지 않고 바람을 막아주는 친구의 부고장을 받는 참담한 일도 겪는다.

시인은 그런 중에 "아픈 것도 겁나고 죽는 것도 무서워 자꾸 뱉어낸 시어"를 갖는다고 했다. 존재자로서 어찌할 수 없는 상황에 직면해서 그 절실한 느낌을 어떻게든 잡아두려는 것으로 자기 일을 삼으려 한 것이다. 마침내 "산다는 것이 저세상을 살기 위한 연습"이라는 인식까지 나아간 것은 삶을 꿰뚫는 시인만의 시각을 내보인 언명이 아닐 수 없다.

저세상을 잘 살기 위해서라도 이 세상을 함부로 살 수 없다는 건 불문가지다. 이처럼 생의 비밀도 알고 보면 단순할지 몰라도 그 단순한 것을 단순하게 말하기까지 오래도록 헤맨 시간의 자취가 묻어 있을 것이다.

3 의미 있는 시간의 기록

언제 찍었는지 모를
필름이 들어 있는
낡은 카메라를 들고
현상소에 맡기고 돌아오는 길
잊힌 시간들이 가득한 곳

오늘을 향해 달려가다 알게 된 죽음들을
경험으로 바꾸어가는 막다른 길에서
숙제를 마쳤다는 선택적 행복으로
다시 태어나는 것들

아직은 붙잡고 있는 시간
의식으로 인식해야 한다고
기억되는 것들이 담기는 현상액

사라진 것들이 표현된
있는 것들의 홀로그램
왼쪽 눈과 오른쪽 손이 보는 것이 다른

빛바랜 육체에
문신처럼 현상된 시간들이 새겨져
새롭게 전시되는 현상소

「시간현상소」 전문

    시인은 이번 시집에서 시간에 관한 시편을 다수 남기더니 표제시로 「시간현상소」를 민다. 오래된 필름을 보관하고 있던 시인은 뒤늦게 필름을 현상소에 맡긴다. 상이 나타나기 시작하면서 "잊힌 시간들이 가득한 곳"이 조금씩 되살아난다. 현상한 것만 어둠 속에서 선택적으로 살아나는 것인데 엄밀히 얘기하면 새로 태어나서 현재를 사는 것이 아니라, 과거의 한 순간을 복원한 것에 지나지 않는다. 말 그대로 "사라진 것들이 표현된/ 있는 것들의 홀로그램"이다.
    "사라진 것"과 "있는 것"의 간극은 시간이 만든 것이지만 그 둘 사이를 잇거나 기록하는 것은 시인의 일이다. 기계적으로 지나가는 시간 속에 장면 장면을 포착하는 것이 사진가의 눈이라면 그 매순간에 의미를 부여하는 건 시인의 감각이다. 시인이 시간 기록자가 되는 것은 허무한 세상을 건너는 방편 그 이상의 의미를 갖는다.
    하나하나의 점이 이어져 선이 되고 그 선상의 끝을 걸어가는 게

인간의 삶이라면 지나온 시간 선상엔 때로 삶을 풍성하게 하고 때로 삶을 아프게 했을 주요 사건이 점으로 박혀 있다고도 할 수 있다. 시간의 밀도를 세는 시인은 "오래된 사연을 잊는 일이 참 서운한 일"(「어깻죽지를 매만지는 일」)이란 인식 하에 의미 있는 점의 시간 즉 순간의 사연을 시어로 활자화하는 수고를 마다하지 않고 있는 것이다.

4 가족 공동체의 시간 속으로

시인이 의미를 부여해서 되살려 놓으려는 지난 시간의 상당 부분은 고향과 부모 그리고 벗과 관련된 이야기다. 시인의 고향은 오지 마을로 흔히 일컫는 무진장(무주, 진안, 장수)의 그 장수다. 시인은 한의사 아버지와 살림 사는 어머니 밑에서 구 남매의 막내로 태어났다. 단칸방에서 이불을 당기며 지냈던 구 남매가 "지나간 일들로 고명을 넣어"(「김밥」)서 김밥을 마는 모습은 우리가 잃어버린 시간이 어떠한 것인지를 여실히 보여준다. 고향과 가족을 다룬 시편을 통해 시인은 가족 공동체의 정서를 자연스레 환기해준다.

봄이 뜸 들이는 동안
소복이 차오른다

어렸을 적 아랫목에서
가장 큰 어른 노릇하던 밥그릇
좋은 자리도 모자라
이불까지 덮고 아버지를 기다리던 고봉밥 한 그릇

시린 손 녹이려 이불 속 손을 쑥
아뿔싸, 꽃이 진다

어머니 찰진 욕이 꽃잎으로 후드득 날린다

아랫목에서 꺼낸
흰 쌀밥 한 그릇
비우고 환하게 웃던 아부지

오월, 나무 가득 밥이 끓는다
모락모락 아부지 생각 피어난다

「이팝나무꽃」 전문

    시집 속 「아버지의 노래」, 「회중시계」는 아버지를 추억하는 시편이고, 「버섯 향기」, 「홍시」는 어머니를 그리워하는 시편이다. 「회중시계」에선 가족들에게 엄했던 아버지 모습을 드러내기도 한다. 진로 문제로 아버지와 갈등이 있었다는 뒷이야기를 직접 듣기도 했지만 「아버지의 노래」에서 보듯 "한소절의 돌림노래"와 "풀빵든 비닐봉지"로 소환되는 아버지는 그리움의 대상일 뿐이다. 특히, 어머니에 대한 그리움은 오감에 사무친다. "버섯 향"으로 아내와 어머니를 이으며 눈이 매워지던 시인은 「홍시」에서 모든 걸 내어주는 어머니를 생각하며 "붉게 물드는 그리움"에 젖기도 한다.

    양친에 대한 정을 함께 품은 시로 「이팝나무꽃」를 꼽을 만하다. 이팝나무꽃은 입하(立夏) 무렵에 가지마다 소복이 앉아 하얗게 핀다. 그 핀 모습이 눈이 쌓인 모습 같기도 하고, 밥사발에 고봉으로 담긴 이밥 같기도 하다. 그래서 이밥에서 이팝이 연유된 것이 아니냐는 설이 그럴싸해 보인다.

    시인은 이팝나무의 쌀밥 이미지를 차용하여 아버지를 위해 어머니가 챙겨둔 고봉밥으로 치환해 놓는다. 그 고봉밥을 실수로 엎지르거나 고의로 한 줌 떼먹기도 할 양이면 어머니의 호령이 떨어

질 것이다. 이팝나무꽃과 고봉밥의 연결은 익숙한 발상일 수도 있지만 밥알이 떨어지는 것을 꽃이 진다고 표현한 것이나 어머니의 나무람이 꽃잎으로 날린다는 표현은 절묘하다. 결구에서 보듯 모락모락 피는 아버지의 호시절은 어머니의 정성과 사랑에 힘입은 바 크다. 물론, 모락모락 피는 것을 어버이를 그리는 자식의 마음으로 읽어도 자연스럽다.

시인은 시간 기록자이면서 동시에 시간 여행자란 생각이 든다. 장동빈 시인은 가족 간의 소중한 기억을 기록하기 위해 과거의 어느 지점으로 갔다가 현재로 돌아와서 시상을 마무리하는 데 부지런하다. 의미 있는 시간을 기록하되 그때의 정서를 최적의 언어로 표현하려고 애쓰고 고투한 흔적이 시에 남아있다. 다만 시간 여행자로서 갖는 낭만과 재미가 이런 수고로움을 기꺼이 견디게 해주었을 것이다.

5 이웃을 생각하는 마음

시인은 이팝나무 외에도 목련, 엉겅퀴, 동백, 자귀나무 등 자연물에 관심을 갖고 이를 일상과 연계시키려는 시도도 보여준다. 무엇보다 일상 그 자체를 시적 소재로 쓰는 데서 시인의 현실 감각을 엿볼 수 있다. 빨래방, 커피숍, 종이컵, 자판기, 보일러, 신발 등에서 삶의 간직할 만한 비밀을 파헤치는 식이다. 예컨대, 「빨래방」에서 빨래방을 나설 때 마음과 들어올 때의 마음 변화를 읽으며 "혼자가 되고 싶었던 마음이/ 같이 살아갈 준비를 한다"든지 「신발」에서 버려진 신발을 보고 "뚜벅뚜벅 걷는 꿈을 꾸고 있을까/ 발등덮개 눈꺼풀이 파닥거린다"고 표현한 대목들이 그렇다.

시인은 자기 삶과 가족 공동체의 범주를 크게 벗어나지 않은 채 과거와 현재의 시간에 의미를 부여하며 시로 결실하는 데 열심이었다고 평할 만하다. 여기 「지하철 1호선」과 「빈소 할인」 등 자신과 무관할 리 없는 이웃의 형편에 시선을 돌린 시편이 있어 주목을 요한다.

> 월세와 전세를 전전하며
> 평생 집 없이 살아왔다
>
> 맞벌이를 하며
> 아이들과 잘 놀아주지도,
> 변변히 여행도 가지 못했다
>
> 하지만 가족 앞으로 된
> 집 하나 장만하지 못하고 살았다
>
> 살아가는 동안
> 오르고 또 오르는 집값을 따라가다
> 이 한 몸 누울 곳 찾지 못하고
> 마지막이 되어서야 삼 일간의 집이 생겼다
>
> 그것도 할인받아
>
> 가족에게 체면을 세워 준
> 고마운 세상의 마지막 친절

「빈소 할인」 전문

지난 몇 년간 자가주택 비율은 50프로를 조금 선회하는 수준이라고 한다. 자가주택이라고 해도 이중 상당수는 은행 융자를 끼고 있어 실질적인 자기 소유라고 말하기도 어렵다. 맞벌이 부부가 되어 "아이들과 잘 놀아주지도,/ 변변히 여행도 가지 못했다"는 어느 가족의 삶은 우리 모두의 삶을 대변하는 이 시대의 아픈 거울이다. 일한 대가의 보상은커녕 희생만 계속 치러야 하는 게 더 큰 문제다. 청년 세대는 내 집 마련의 꿈을 놓았고, 노년 세대는 안정과 휴식 대신 빚을 갚아야 하는 부담에 시달리고 있다.

시인은 현실 모순에 먼저 눈뜨는 사람이어야 한다는 말이 있다. 장동빈 시인은 극명한 대비를 통해 이 문제를 다룬다. 집 없는 평생과 삼 일을 허락받은 집(빈소)이 그렇다. 이전의 삶이 에누리 없이 빡빡했을 것에 반해서 잠시 머무른 마지막 집은 할인까지 해 준다는 것이니 이는 유머보다는 신랄한 풍자에 가깝다. "고마운 세상"이라는 표면적 진술과 달리 집 없고 돈 없는 사람에겐 고맙지도 않고 친절하지도 않은 세상인 것은 분명하다. 「빈소 할인」에서 시인의 관심이 개인뿐만 아니라 이웃과 사회를 넘나드는 데까지 확대되는 신호를 보았으니 시인의 이후 행방이 자못 궁금해진다.

6 시간 기록자에서 시간 여행자로

시간 기록자로서 의미 있는 시간을 낱낱의 시로 결실하던 시인의 여정은 시집 한 권으로 종착지에 닿았다. 하지만 항해는 다시 시작될 것이다.

분리수거장 앞을 지나는데
버려진 곰 인형이 인사를 하네

돌아볼 수밖에 없는 익숙한 풍경이
발걸음을 붙잡아 끌었네

그곳은 망가진 기억을 주워 담거나
버려진 추억을 분리수거 하거나
습관적인 의무를 수행하는 곳으로
미련이 남아 애지중지하던 것에
빛바랜 시간이 길게 관통하네

부서진 돛단배의 이야기로
가슴 쓸어내리는 새벽녘
푸르고 깊은 의지로
누군가의 무엇이었다가
누군가의 무엇이든 되고 싶었던 배는
제 부서진 그림자를 향해
혼자 항해하고 있네

「자화상」 전문

    시인은 분리수거장 앞에서 한때는 긴요했으나 지금은 쓸모가 다해 버려진 것들을 무심히 지나지 않는다. "버려진 곰 인형"에도 선물을 건넨 누군가의 따스한 눈빛, 그 선물을 애지중지하던 누군가의 사랑이 듬뿍 배어 있을 거란 생각에 발걸음이 쉽게 떨어지지 않는 것이다. "부서진 돛단배"는 더욱 그렇다. 모형이라 하더라도 먼 바다 낯선 세상을 향하는 꿈과 낭만을 불러일으키던 시절이 있었을 텐데 이제 폐기 처분을 앞두고 있으니 마음이 쓰이는 것이다. 바람을 가르고 새로 움직이고 싶으나 그러지 못하는 현실에 문득, 시인은 자신의 처지가 그러할지도 모르겠다는 생각이 들었을 것이다.
    하지만 시인의 돛단배엔 시인의 모험 정신뿐만 아니라 "누군가의 무엇이었다가/ 누군가의 무엇이든 되고 싶었던" 소망이 적재되어 있다. 그 적재된 것은 아주 사라지지 않고 누군가의 마음에 남아있을 것이다. 정비를 마친 돛단배가 또 한 번의 출항을 꿈꾼다면 이번에는 그 누구도 아닌 시인 자신을 위한 시간이면 어떨까 싶기도 하다.

지금까지 시인의 돛단배는 곧잘 시간을 거슬러 과거로 항해하다가 수시로 일상의 바다로 돌아오곤 했다. 그간 알뜰히 채운 시의 곳간은 항구에 기착하면서 첫 시집이란 이름으로 세상에 부려졌다. 한동안 연필을 놓아도 좋을 것이지만 머잖아 시심이 가득 부풀기 시작할 게 분명하다. 그땐 또 다시 돛단배를 띄우지 않고는 배길 도리가 없을 것이다. 졸필로 시인의 시간 여행에 동참한 것을 기쁘게 생각하며, 시인의 이다음 항해도 재미나기를 빌어본다.

지음知音의 행운으로 만난 행복한 바다

김별아 소설가

해방구를 찾아 전후戰後의 상처를 달랜 '명동 시대' 이후, 모여들었던 예술가들은 각자의 작업실로 흩어졌다. 벽은 높아지고 공고해져 소통의 의지마저 퇴화했다. 이토록 고집스런 고립의 시대에 시인과 화가가 합심해 영혼의 집을 지었다. 그리움으로 외로움을 앓는 이들은 동병상련으로 서로를 한눈에 알아보기 마련이니.

"보고 싶던 친구를 우연히 만나 꽃길을 걸었다. 바람이 거센 들판을 혼자 걷다 둘이 걸으니 바람도 잠잠해졌다(〈단순한 비밀〉 중)"

장동빈의 시와 공존의 그림은 상처의 지점에서 만나 치유를 향해 걷는다. 신神외에 그들을 구원하는 유일한 그것, 예술의 길이다. 마음의 전쟁을 치르던 군인이자 시인은 핏빛 언어를 그리고, 발신인 없는 불안과 공포를 앓던 화가는 그림으로 편지를 쓴다. 세상은 비바람 거센 들판일지나 시인과 화가는 서로를 의지하며 바람길을 헤쳐간다.

"길의 끝은 바다였으면./ 바닷물에 발을 씻고/ 같이 왔던 길도 씻겨주고 싶다(〈길 끝에 달린 자몽은 달콤하다〉 중)"

지음知音의 행운으로 시인과 화가는 길 끝에서 행복한 바다를 만난다. 십자가에 못 박히기 전날 제자들의 발을 일일이 씻겼던 그이와 같이, 고단한 발과 그 발로 밟았던 길까지 거둬 씻는다. 이 시화집은 정결한 세족식의 기록에 다름아니다. 함께 옷깃을 여밀 일이다.

시간현상소